BESCHÄFTIGTE
HÄNDE

LERNEN FÜR KINDERGARTENKINDER | BAND -1 | WIE MAN ZEICHNET

ActivityCrusades

Veröffentlicht von Speedy Publishing Canada Limited

ActivityCrusades
activity books

WIE MAN ZEICHNET

KANNST DU DAS KOPIEREN?

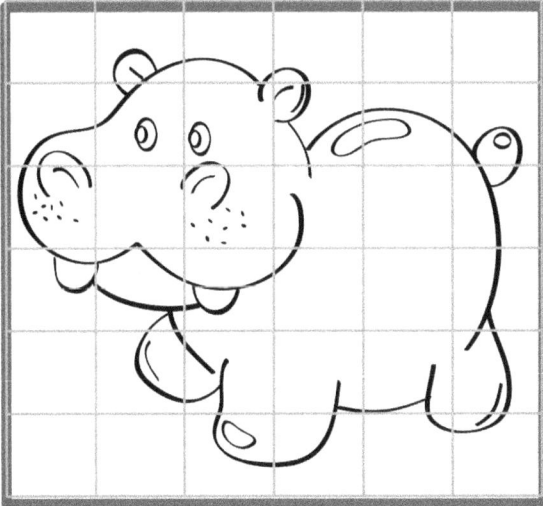

Zeichnen Sie das Bild mit den Linien als Anleitung und färben Sie es dann!

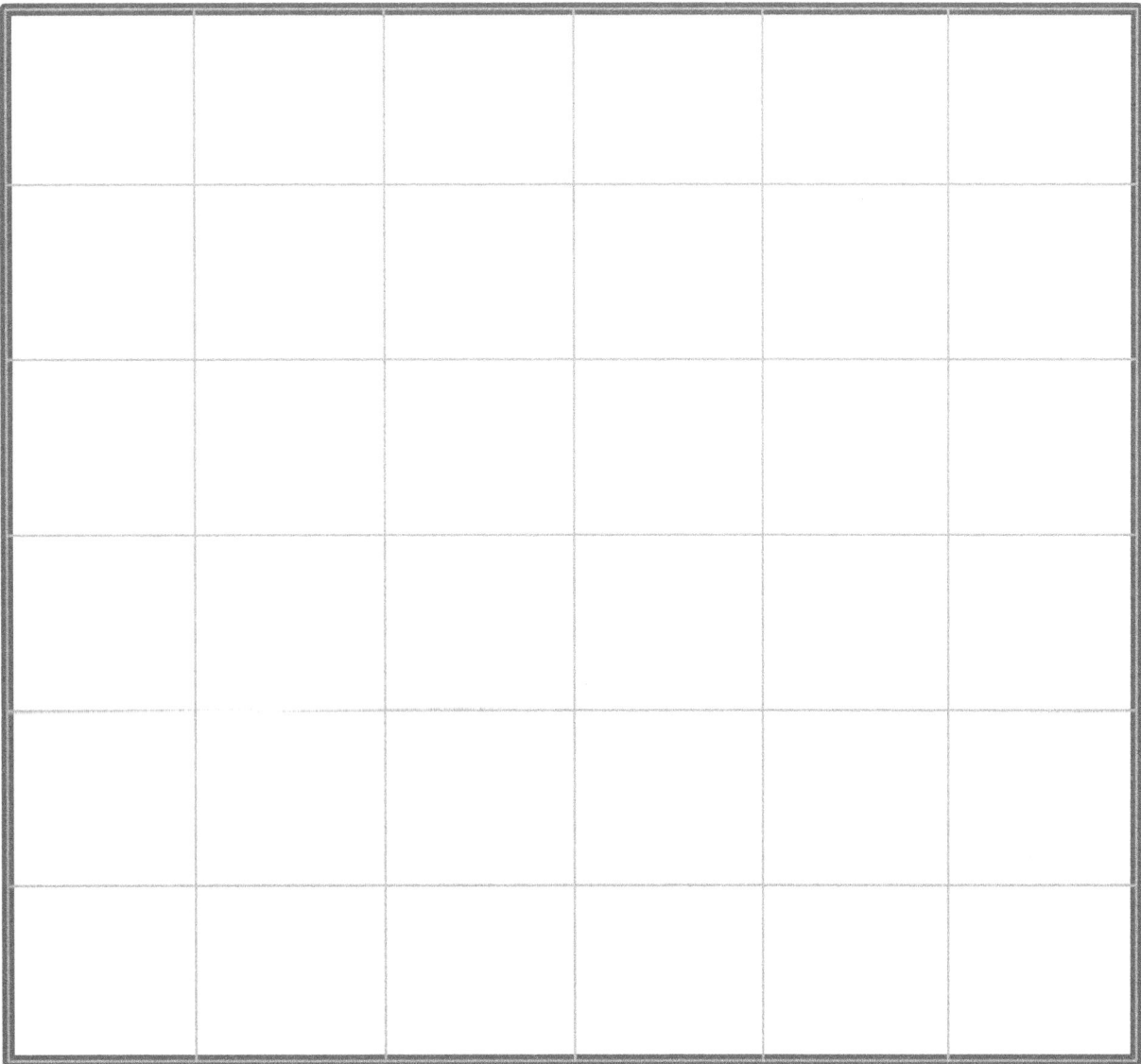

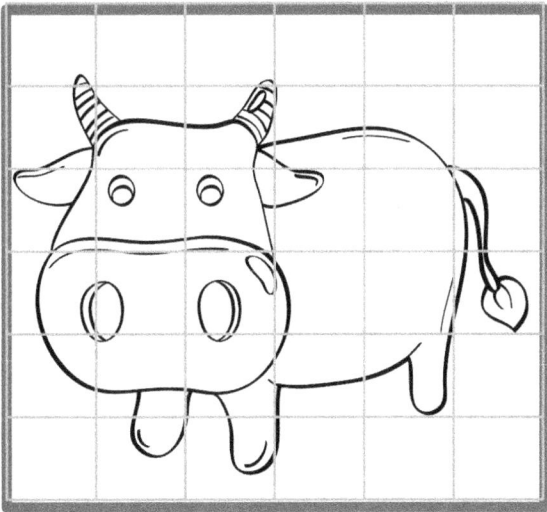

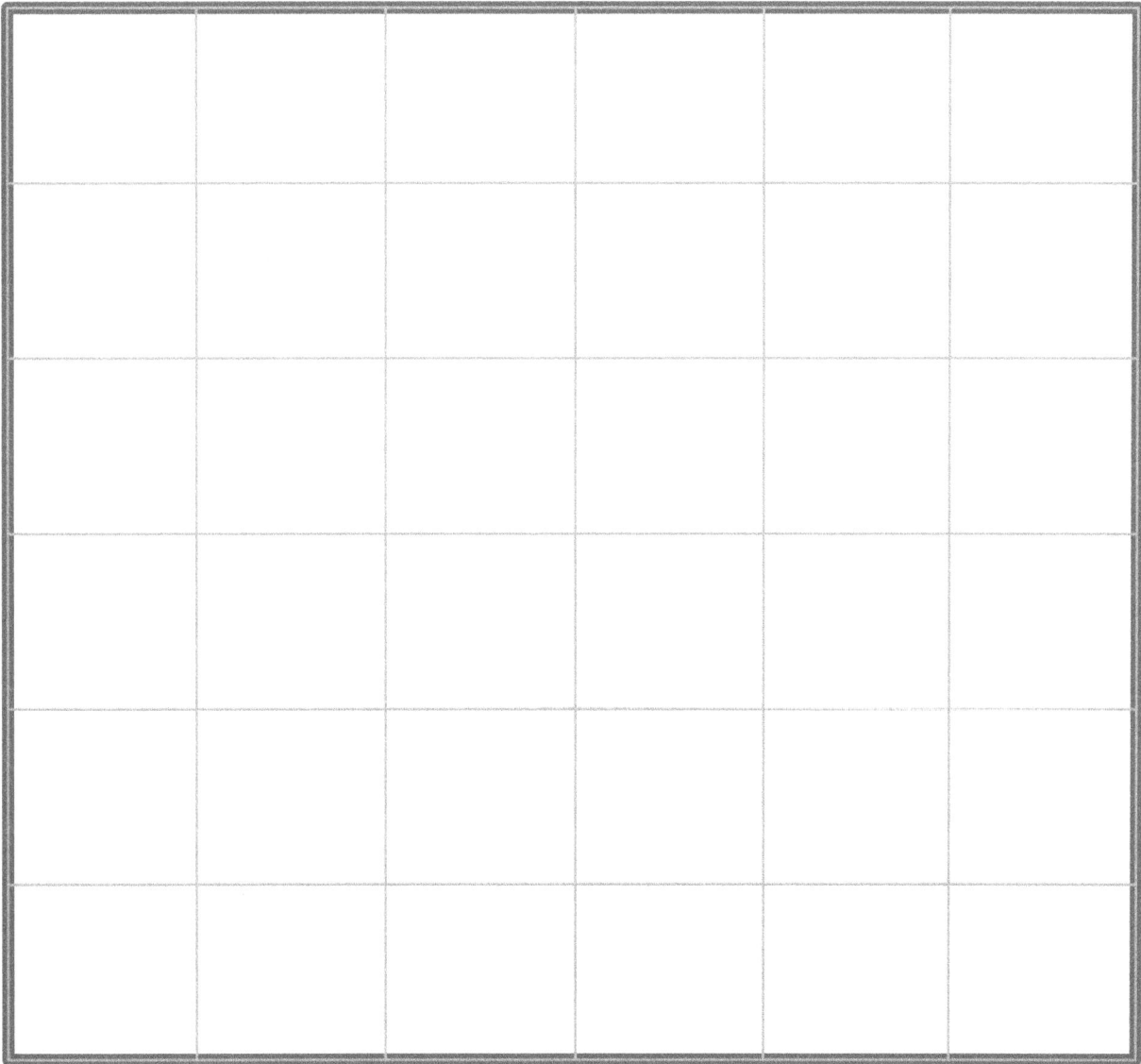

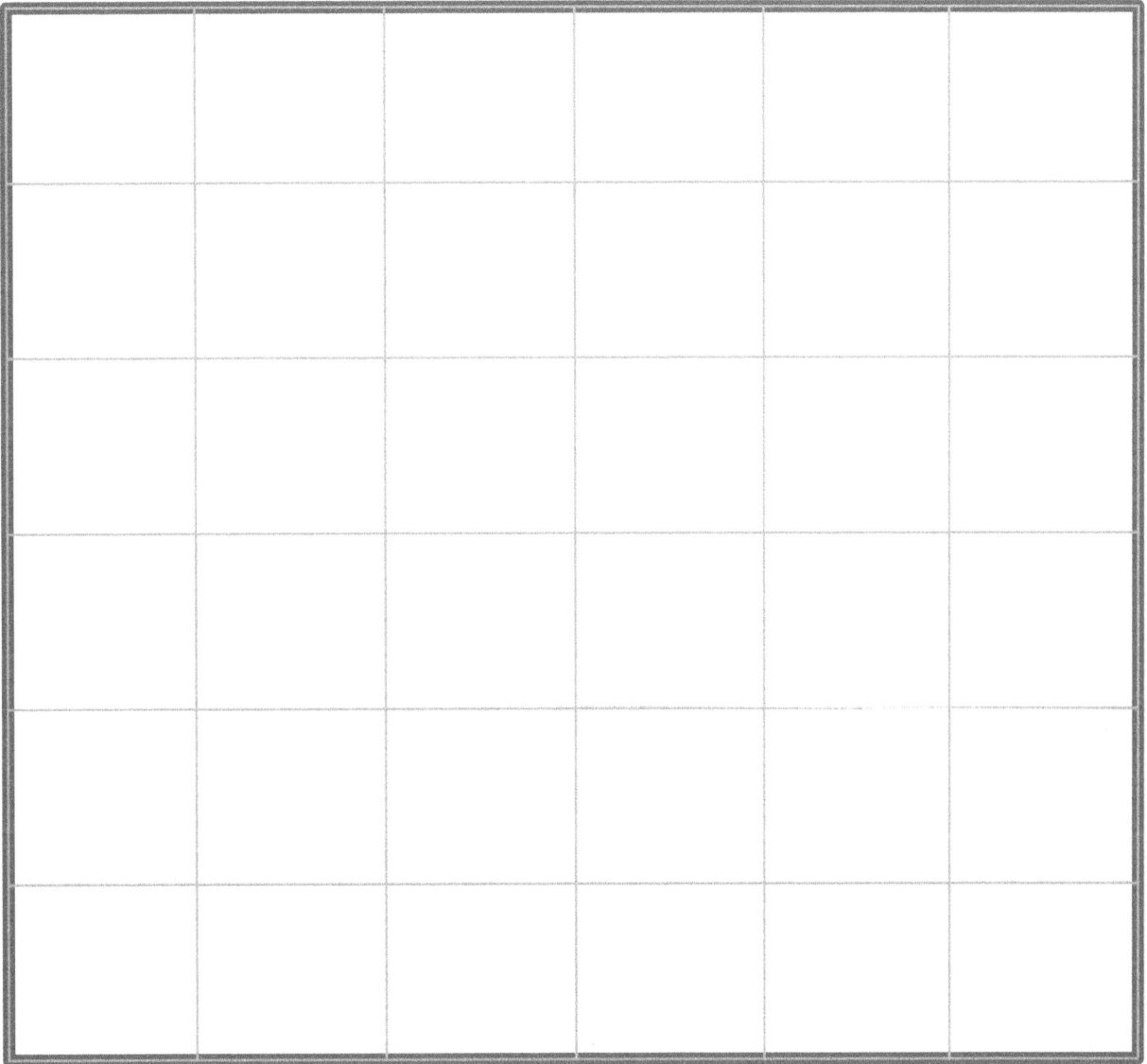

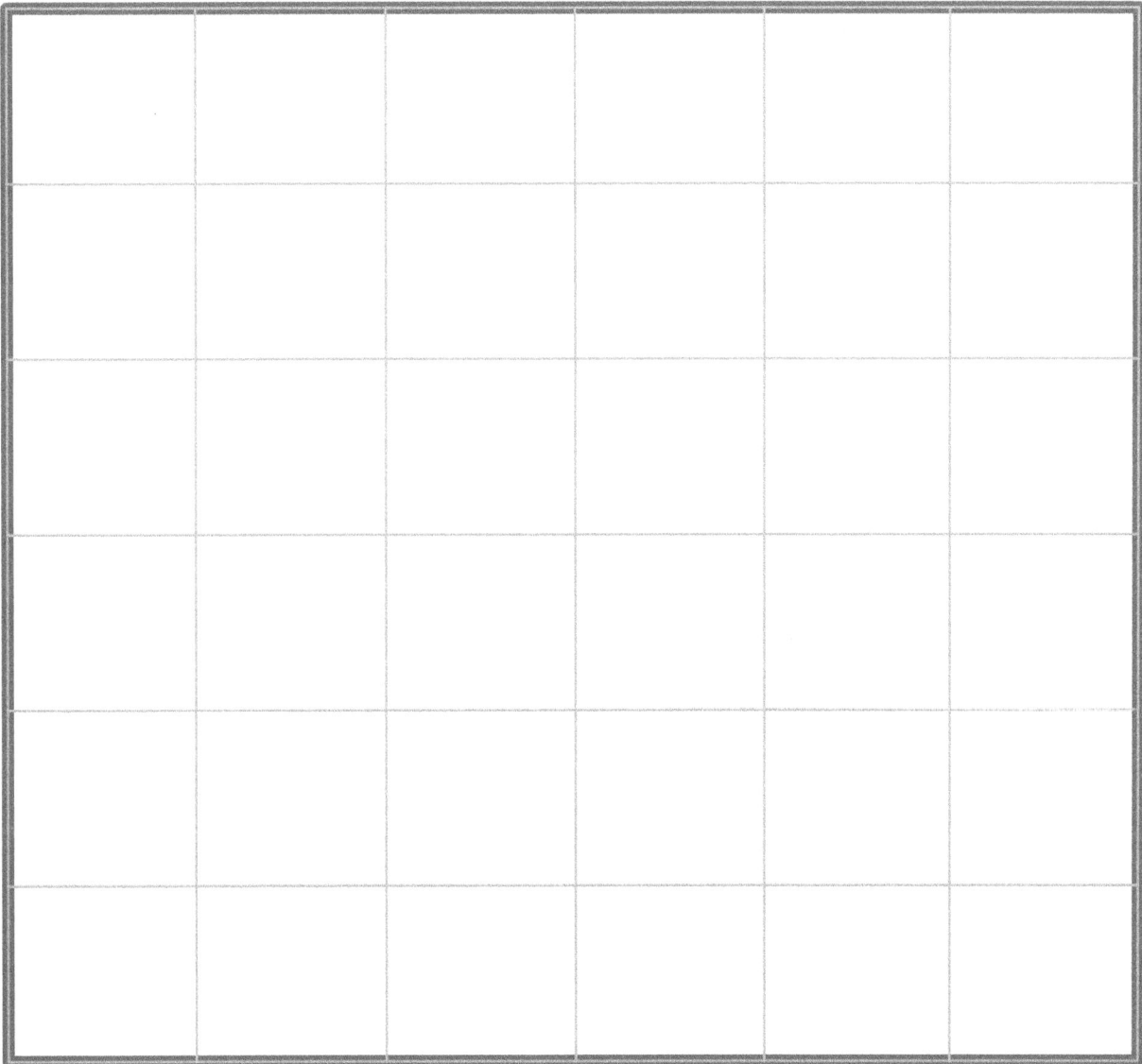

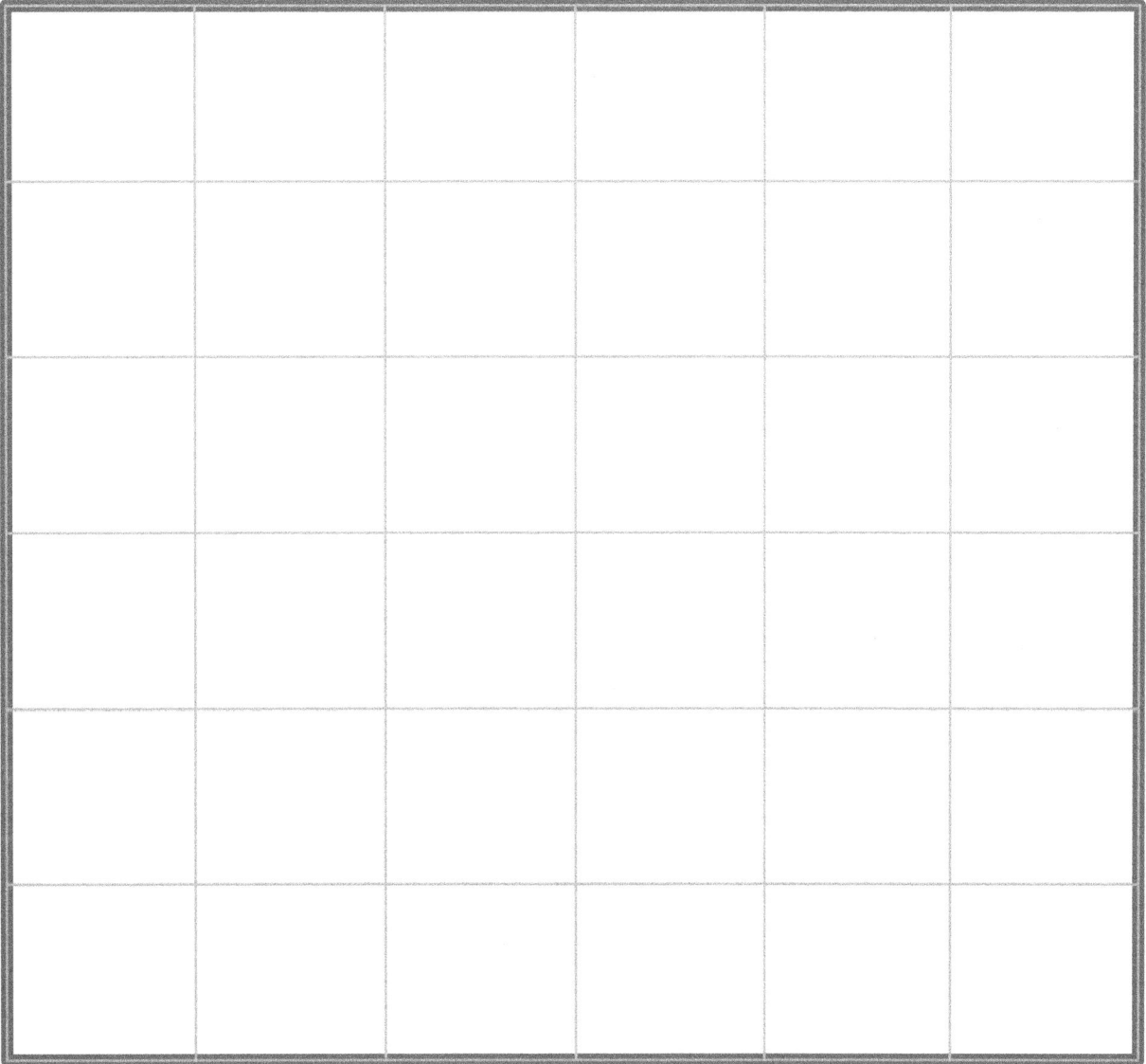

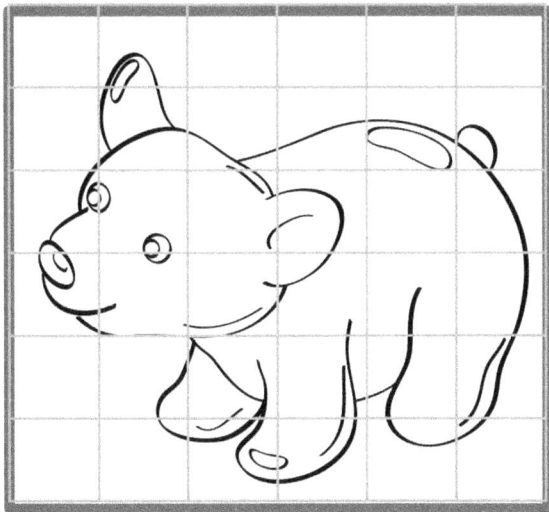

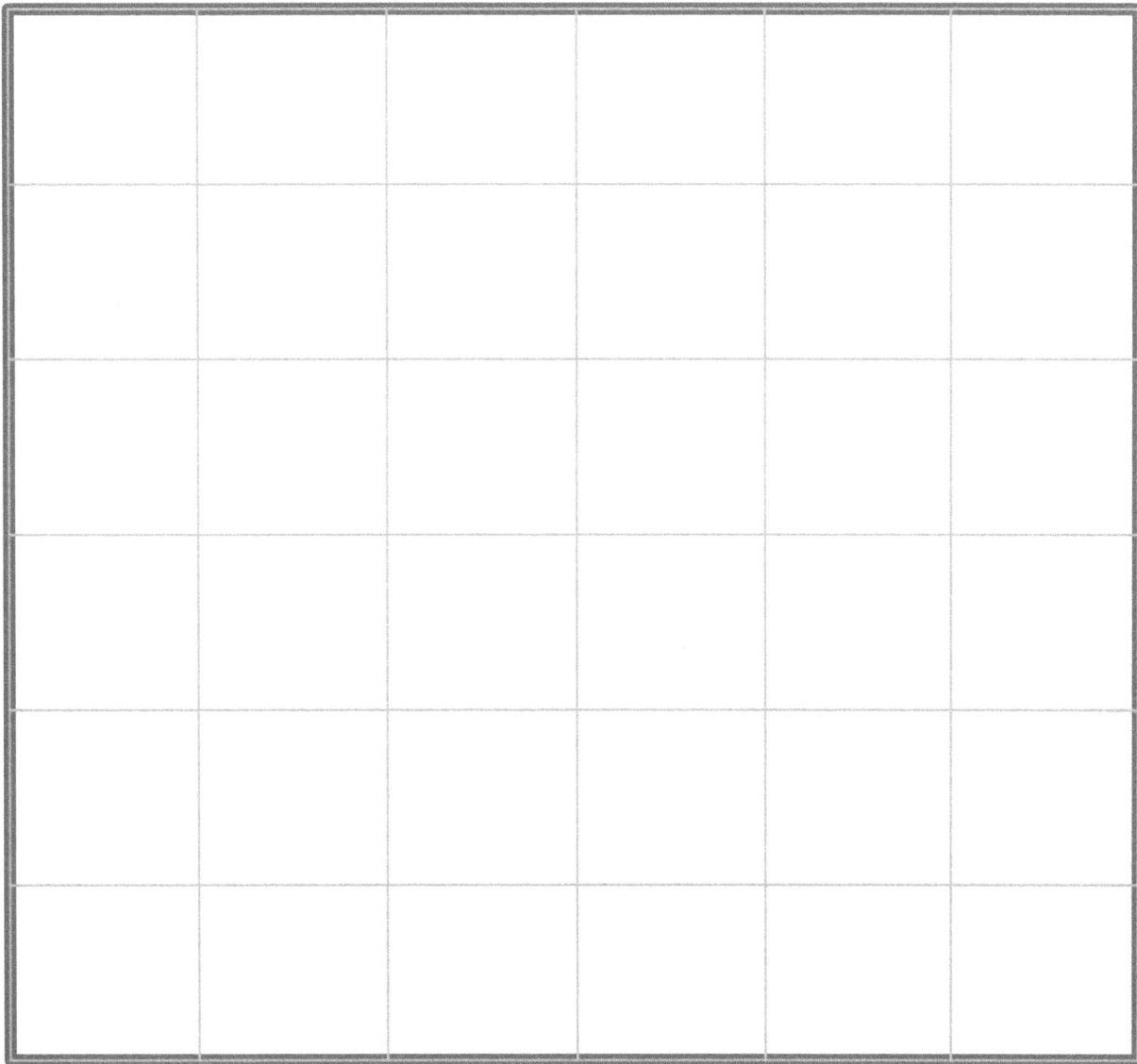

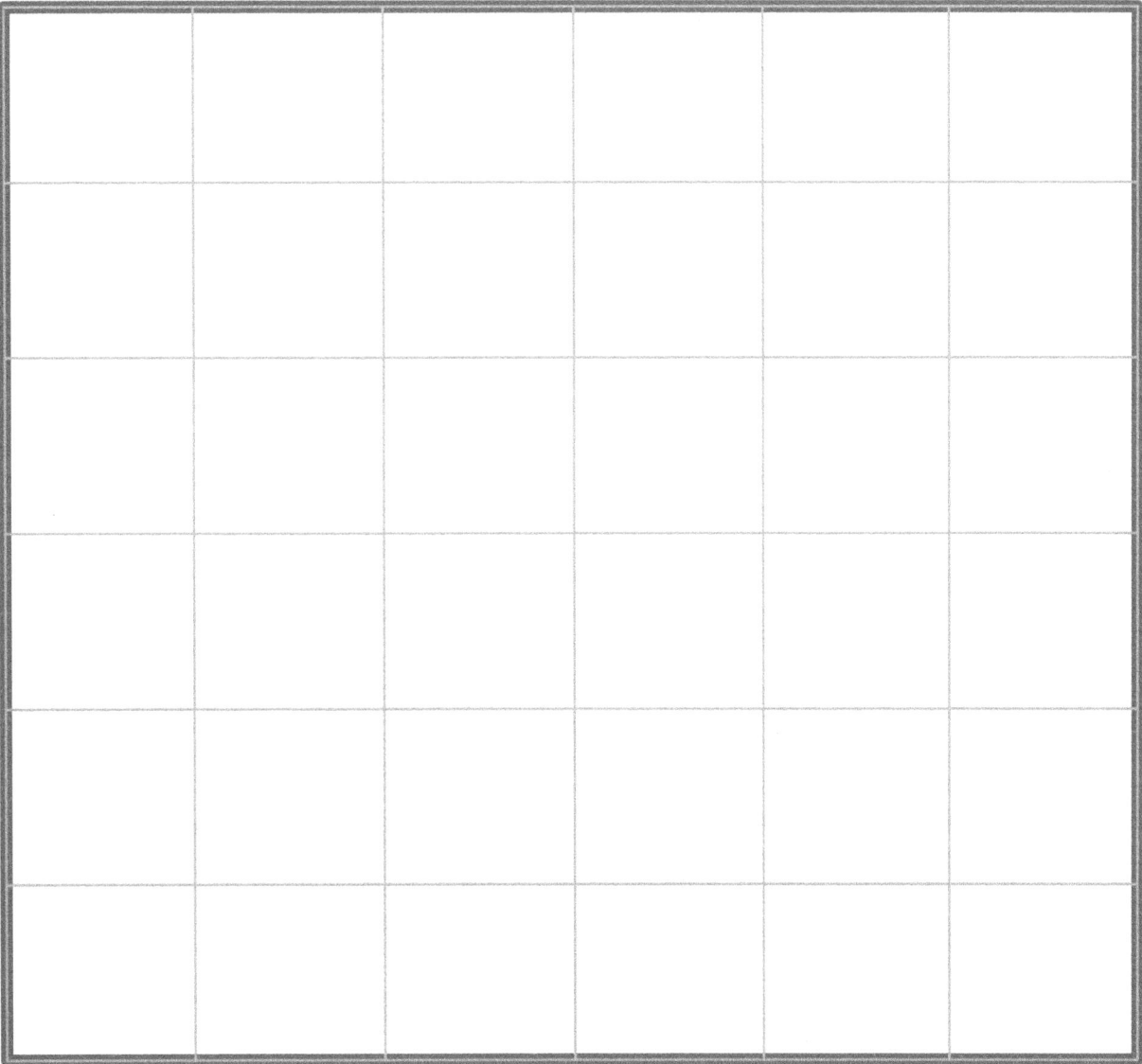

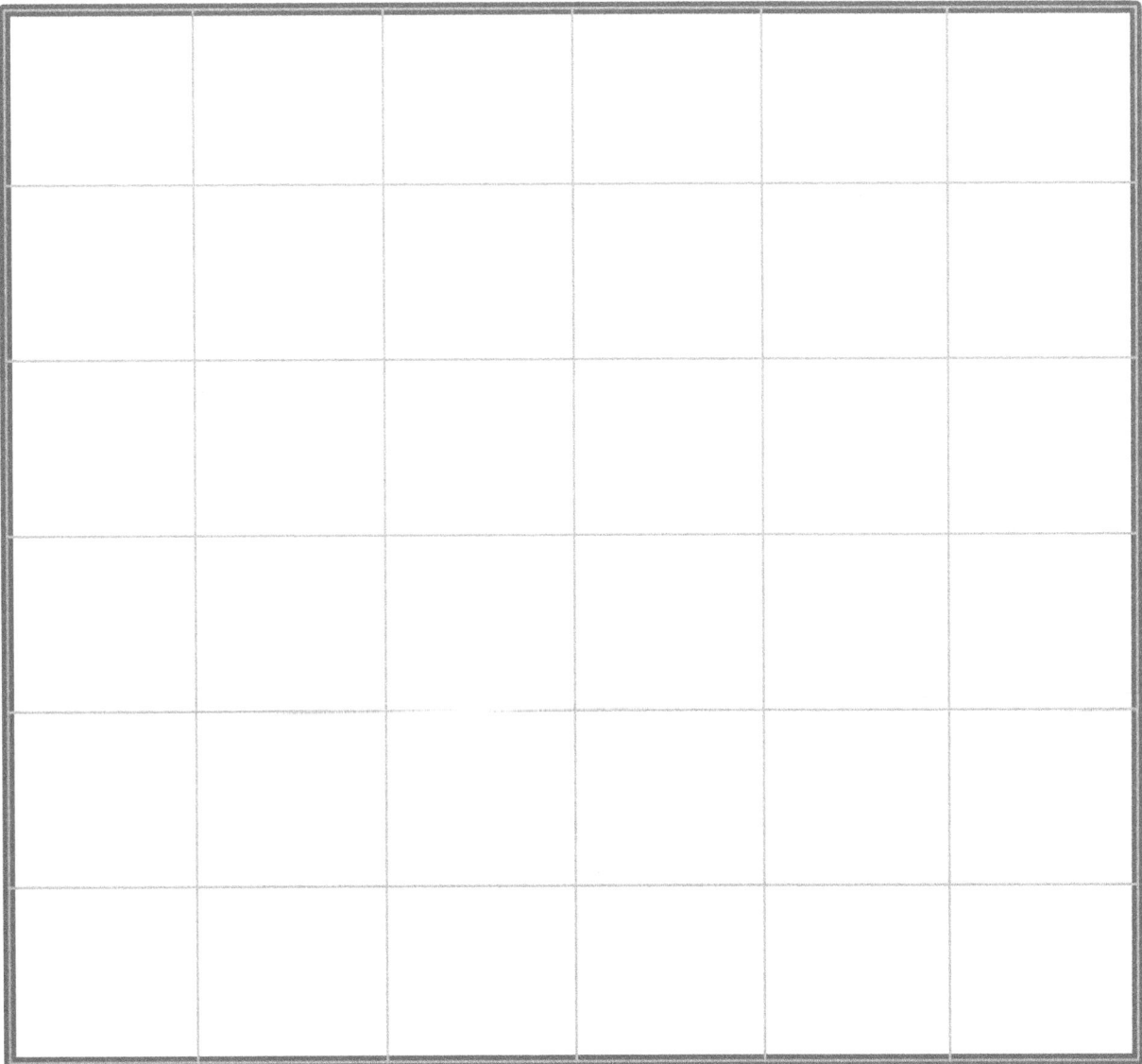

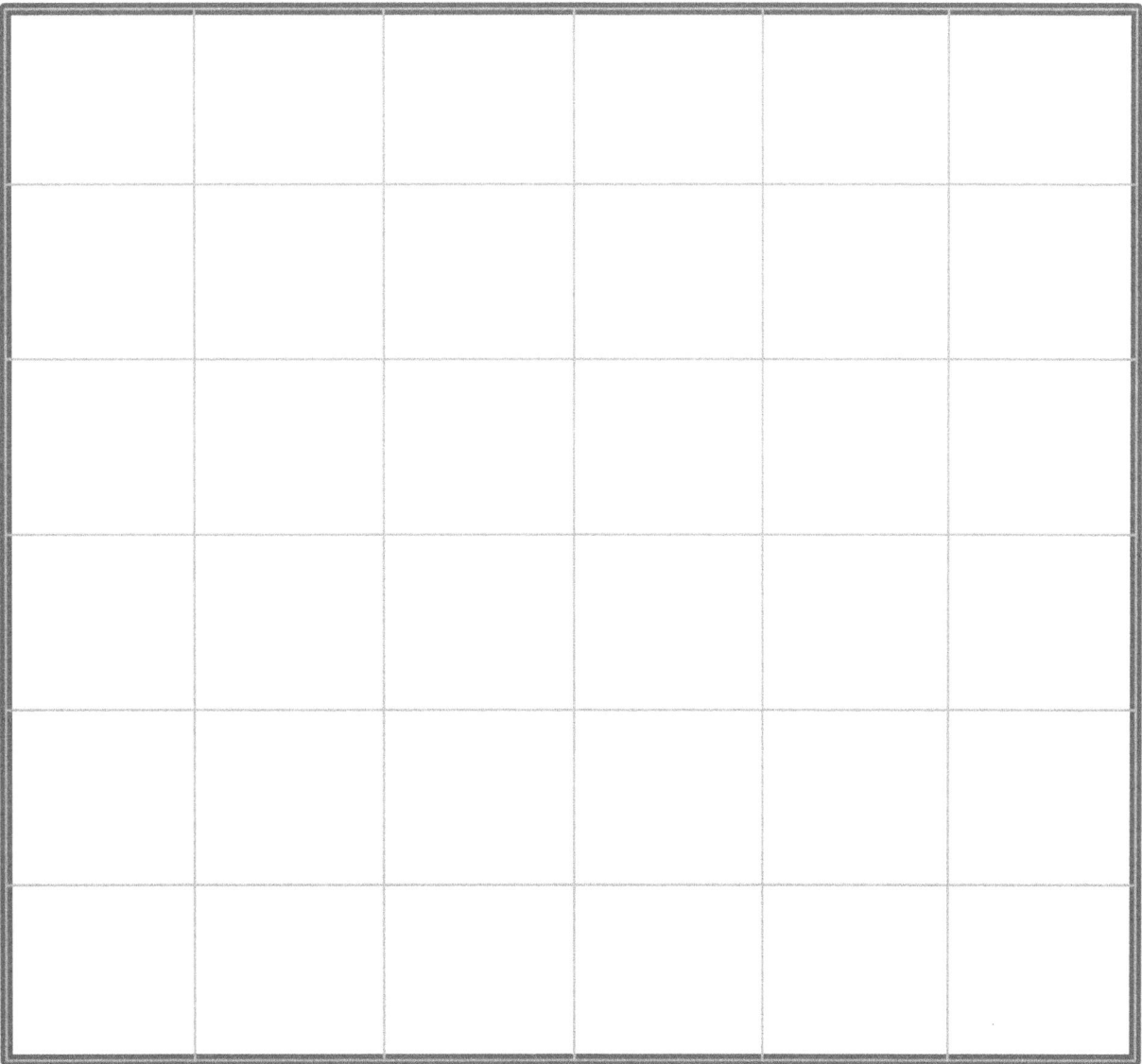

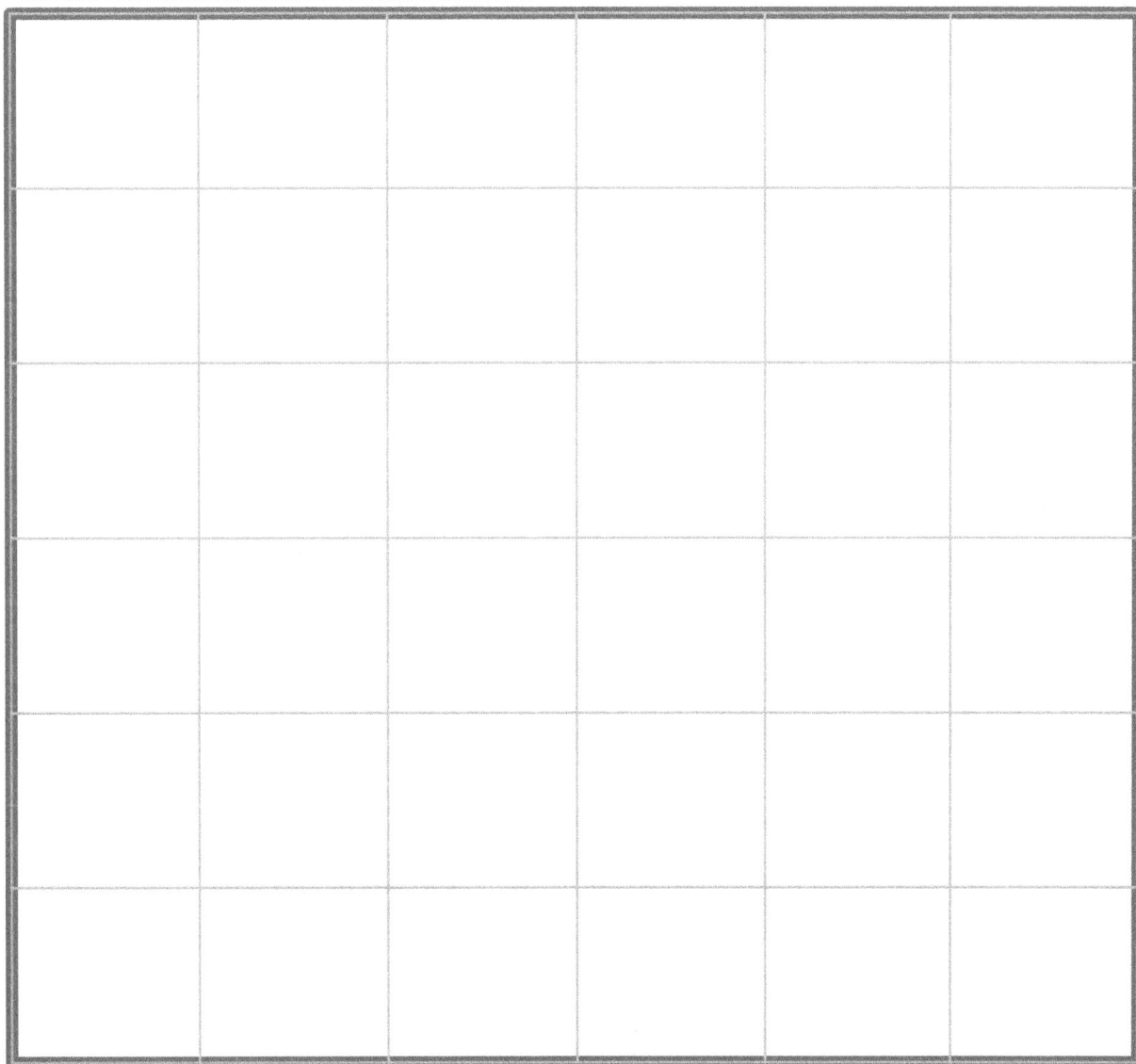

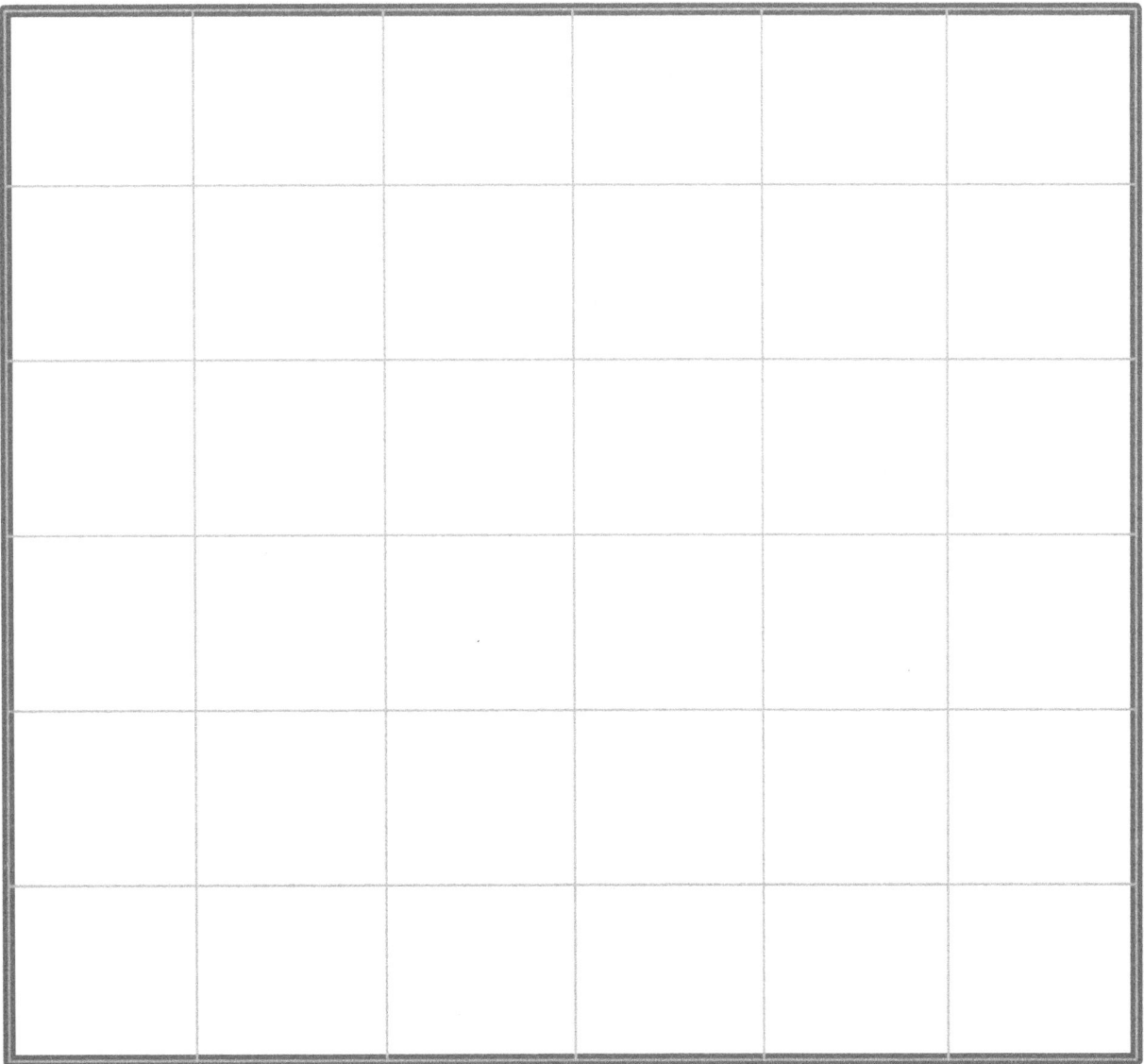

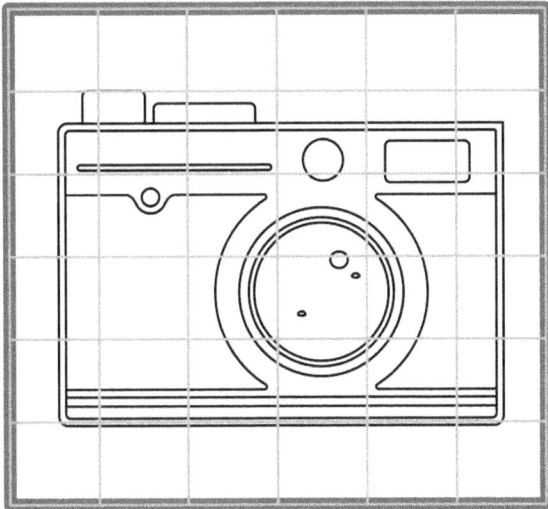

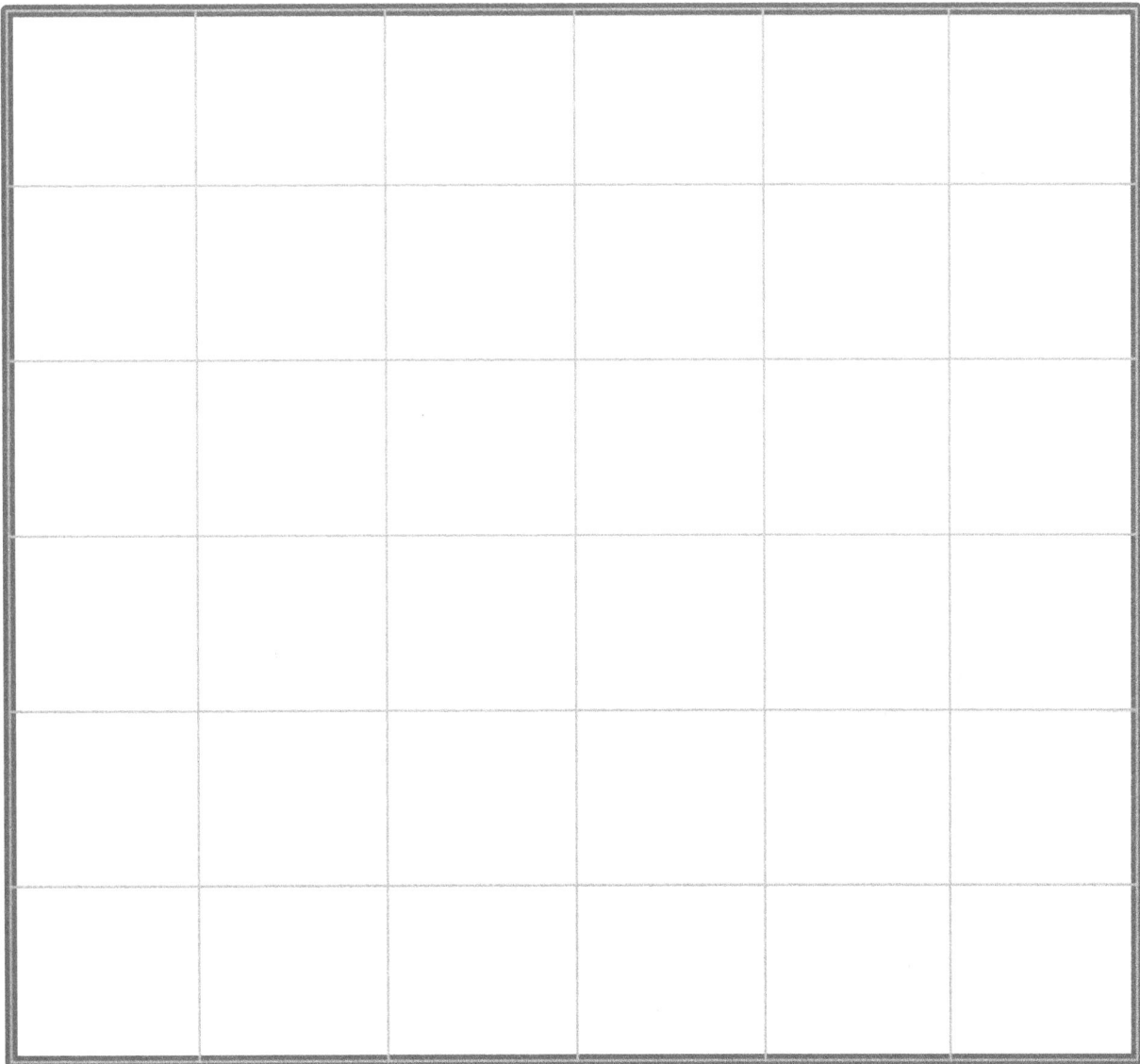

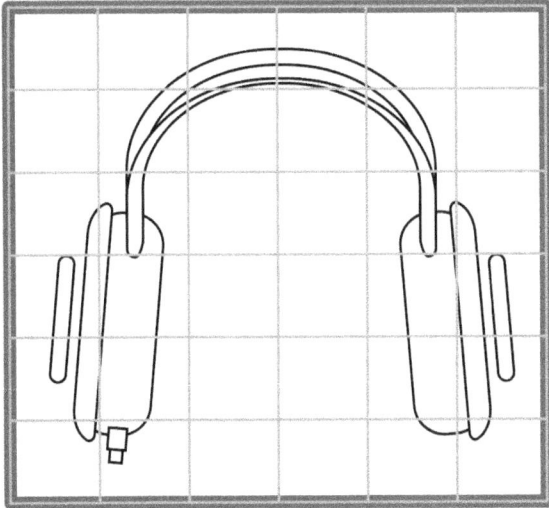

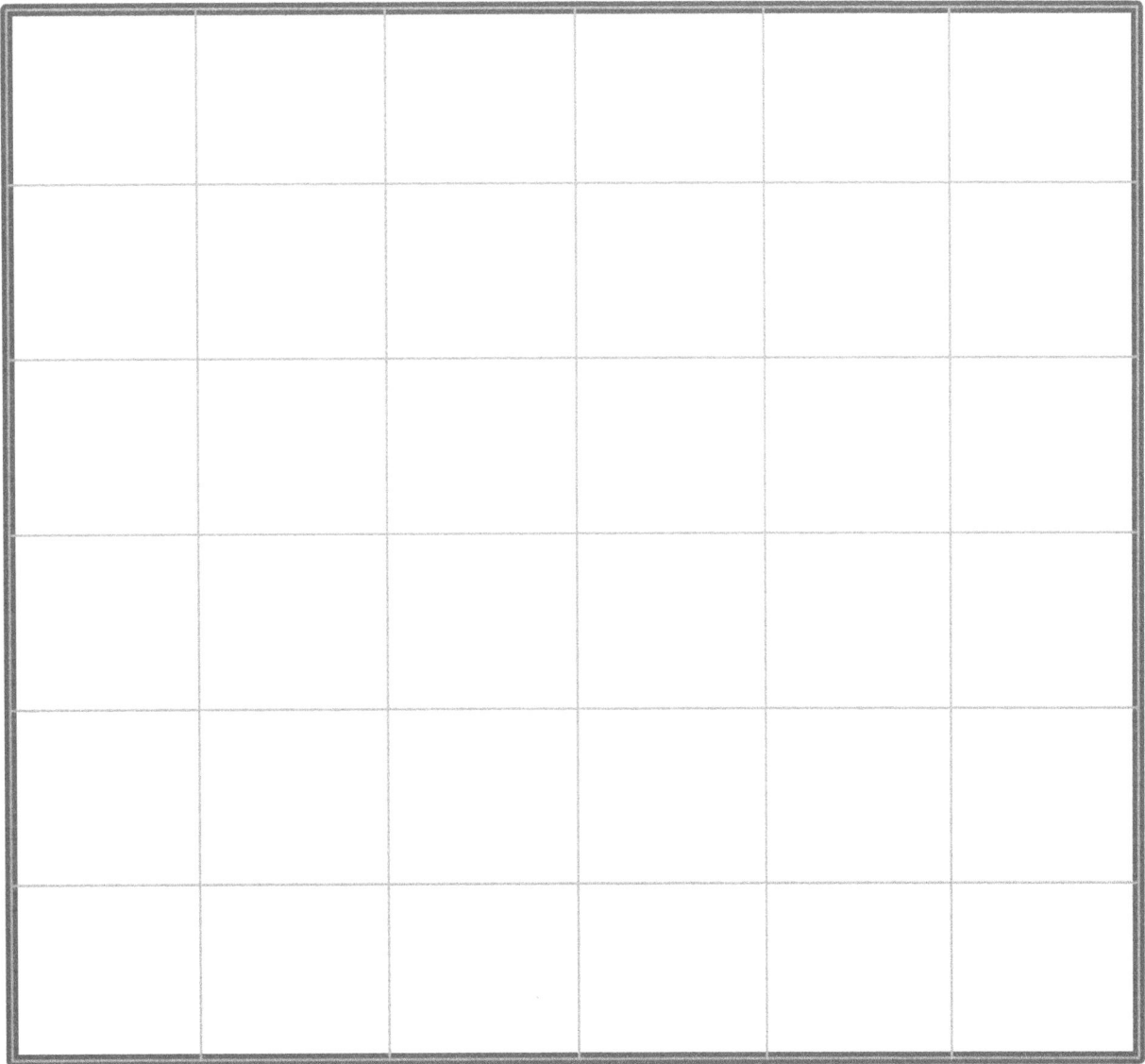

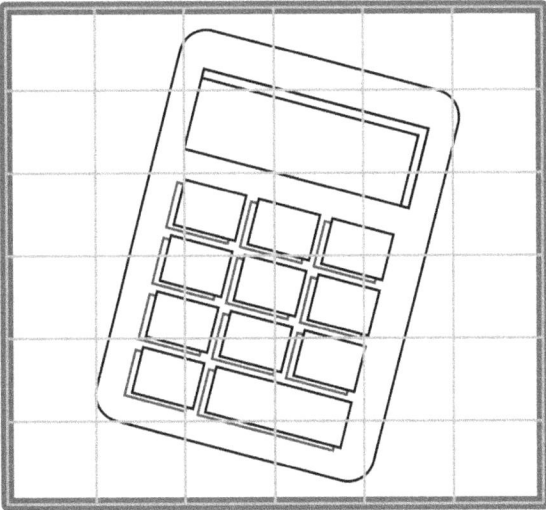

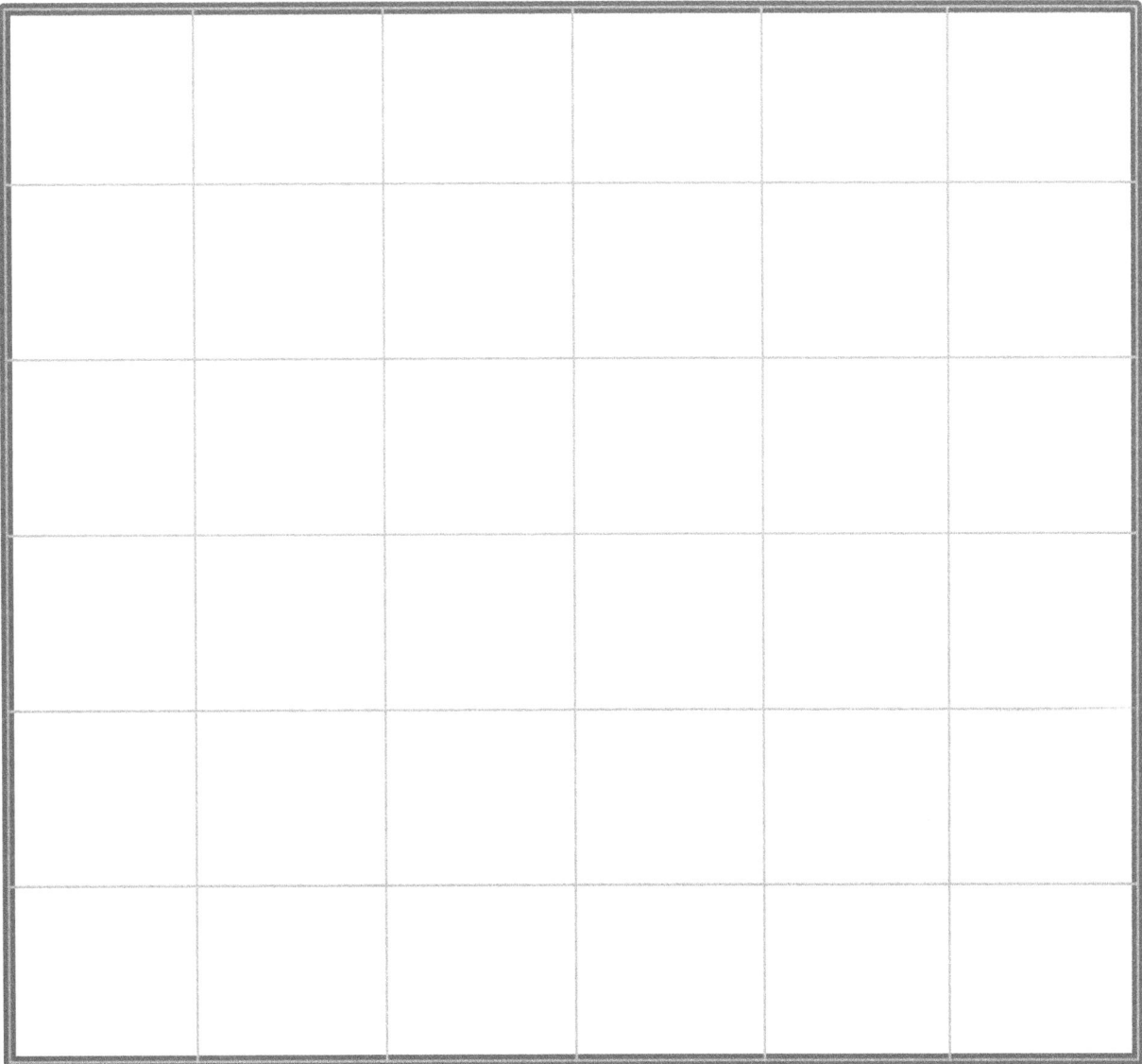

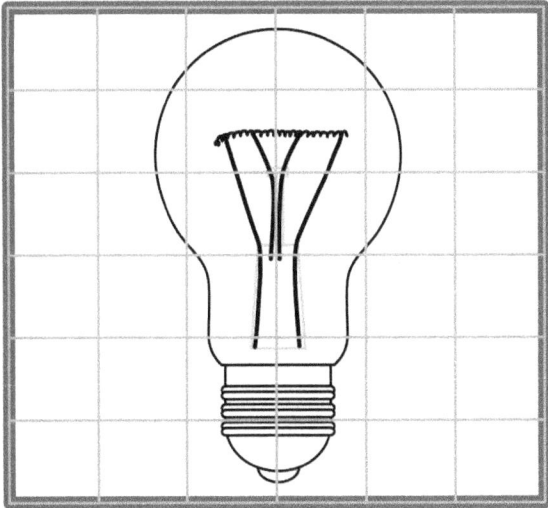

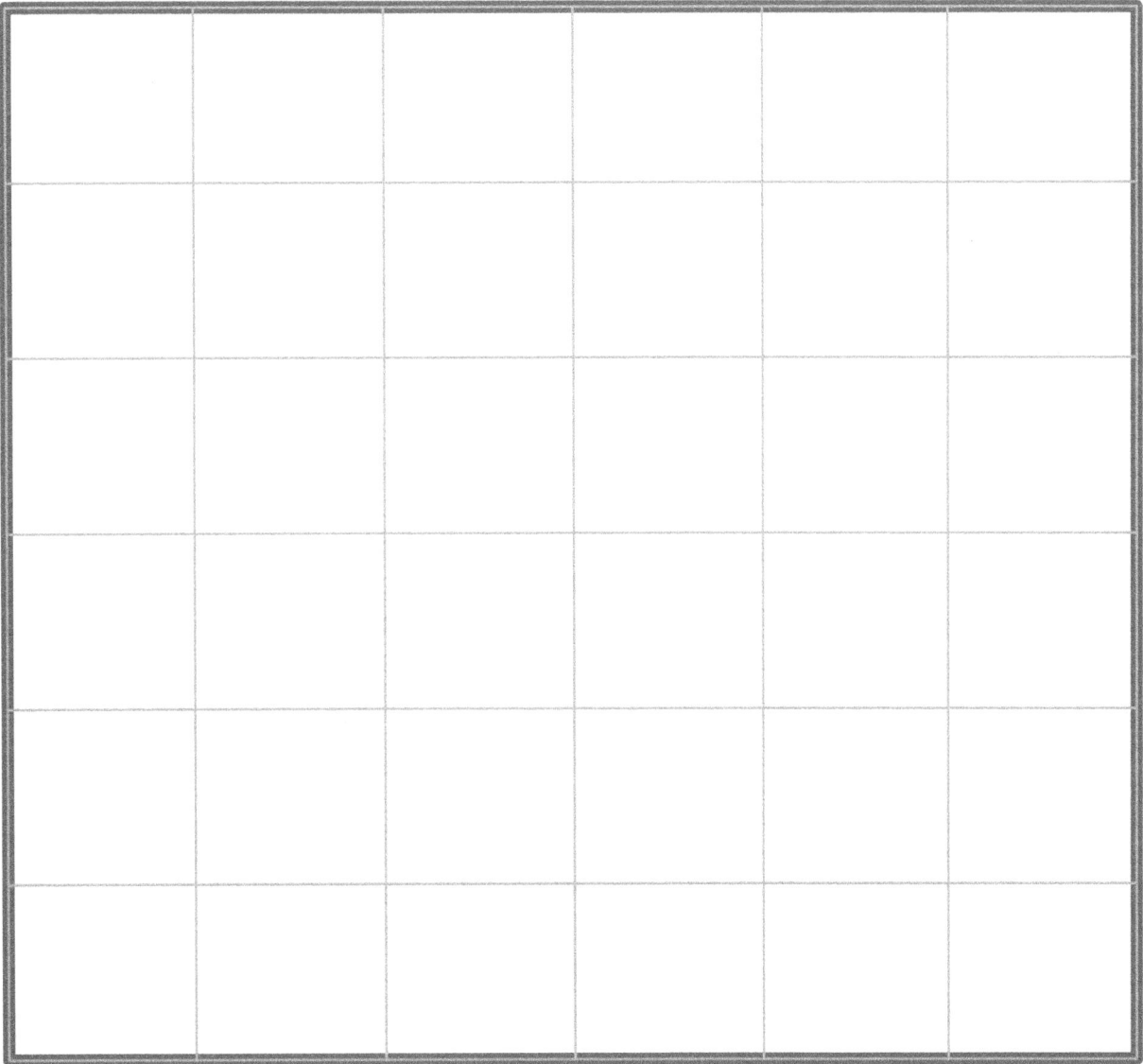

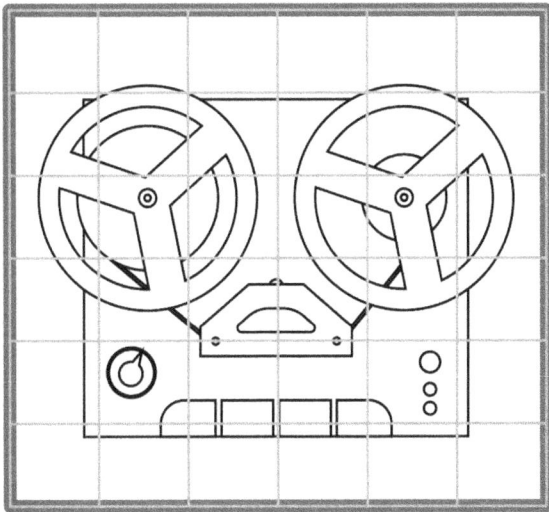

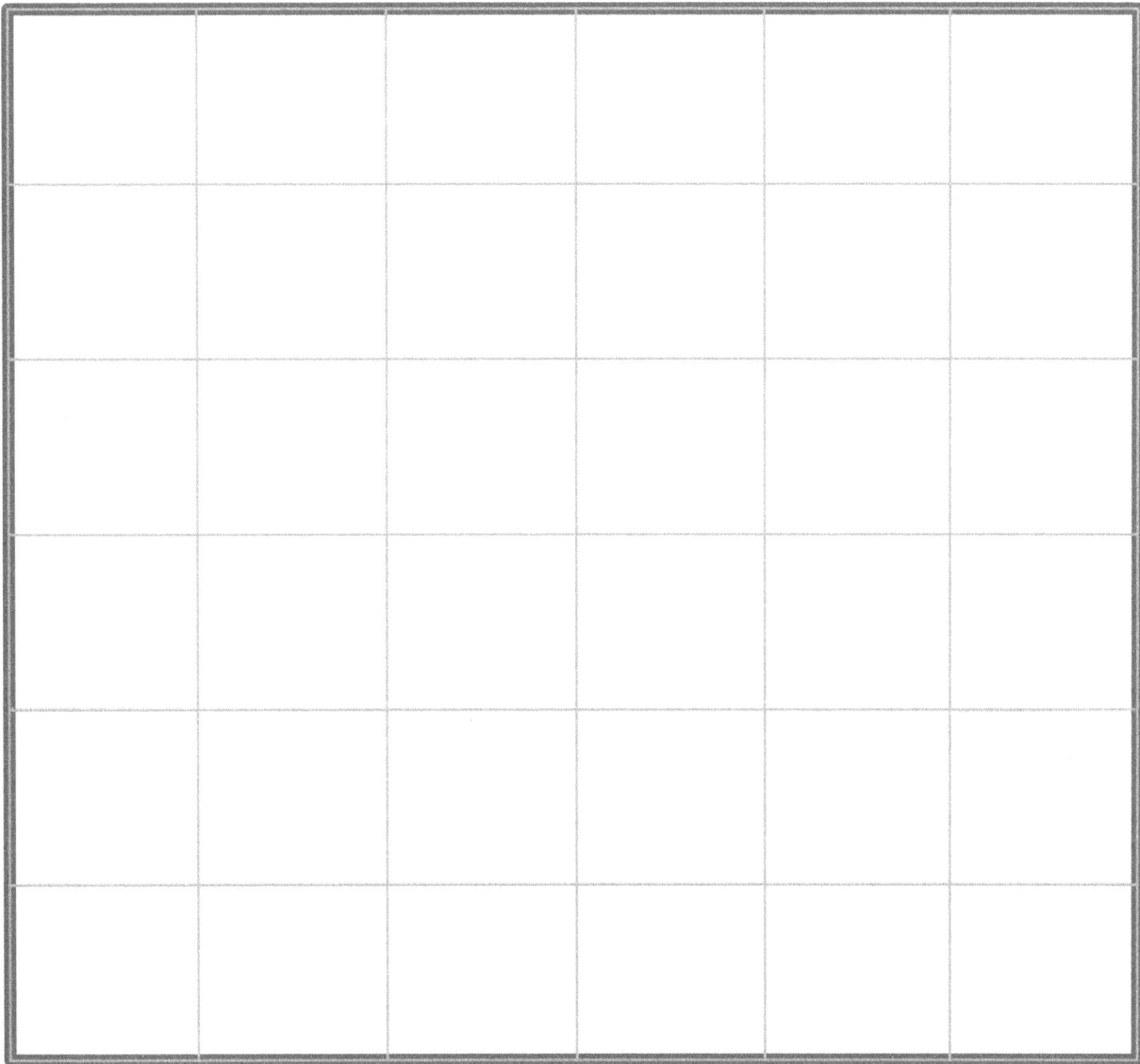

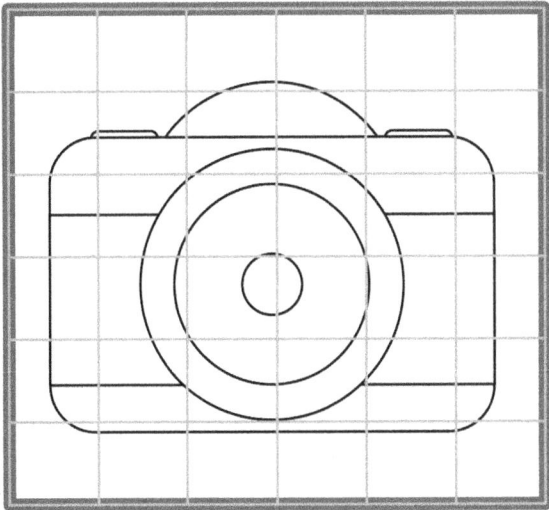

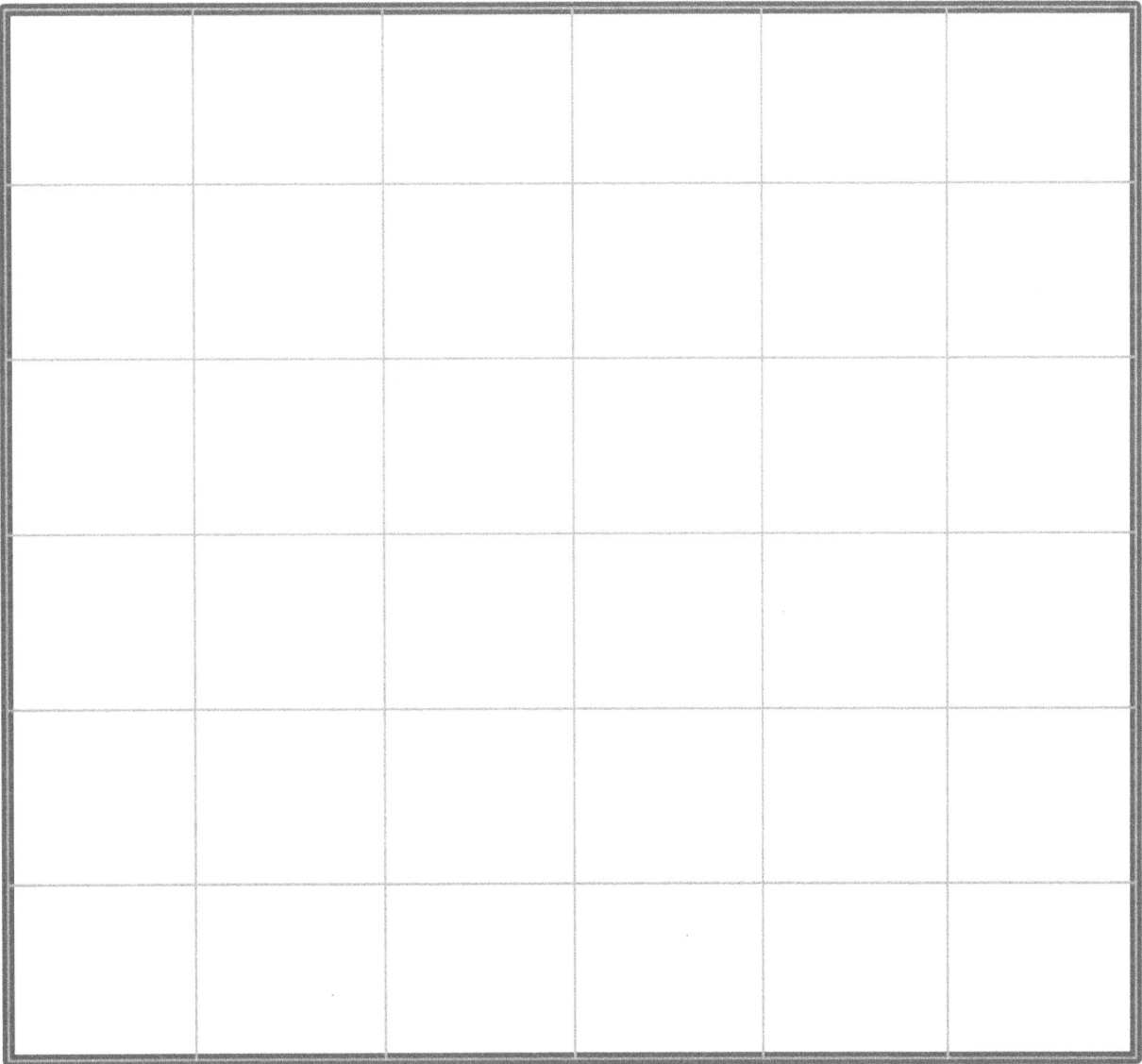

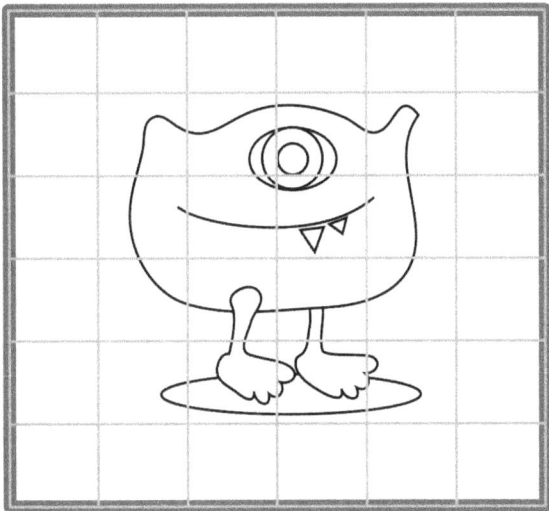

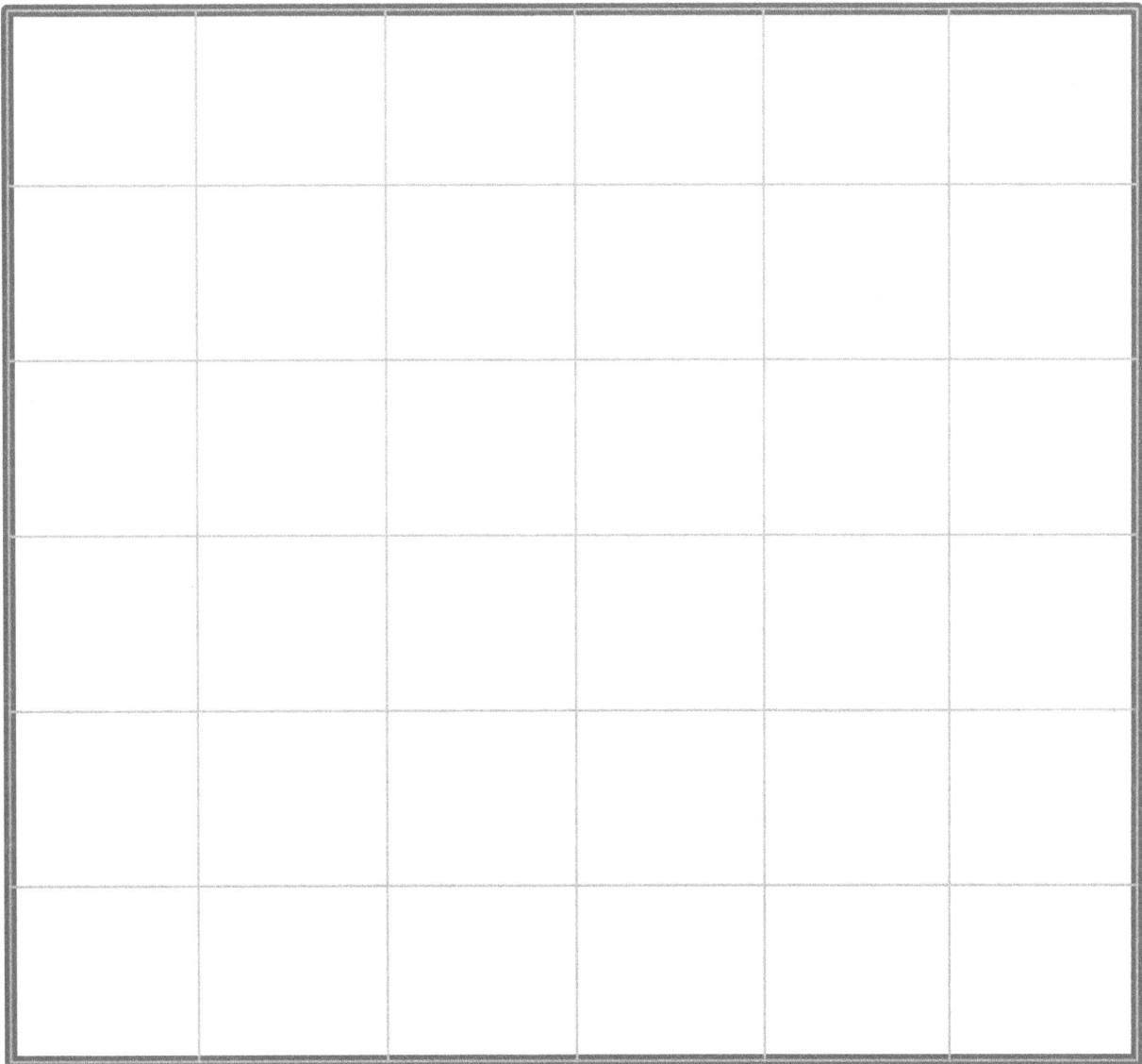

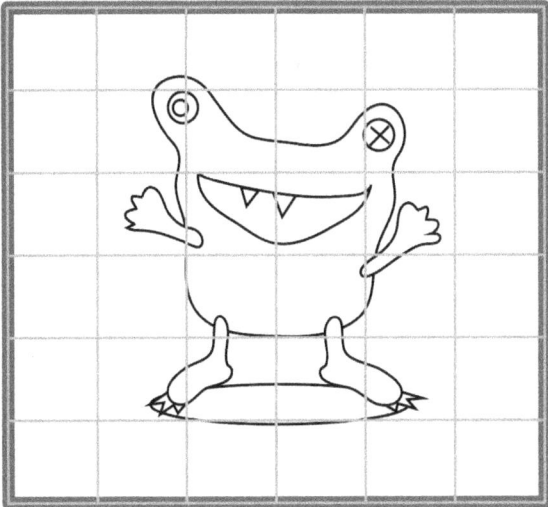

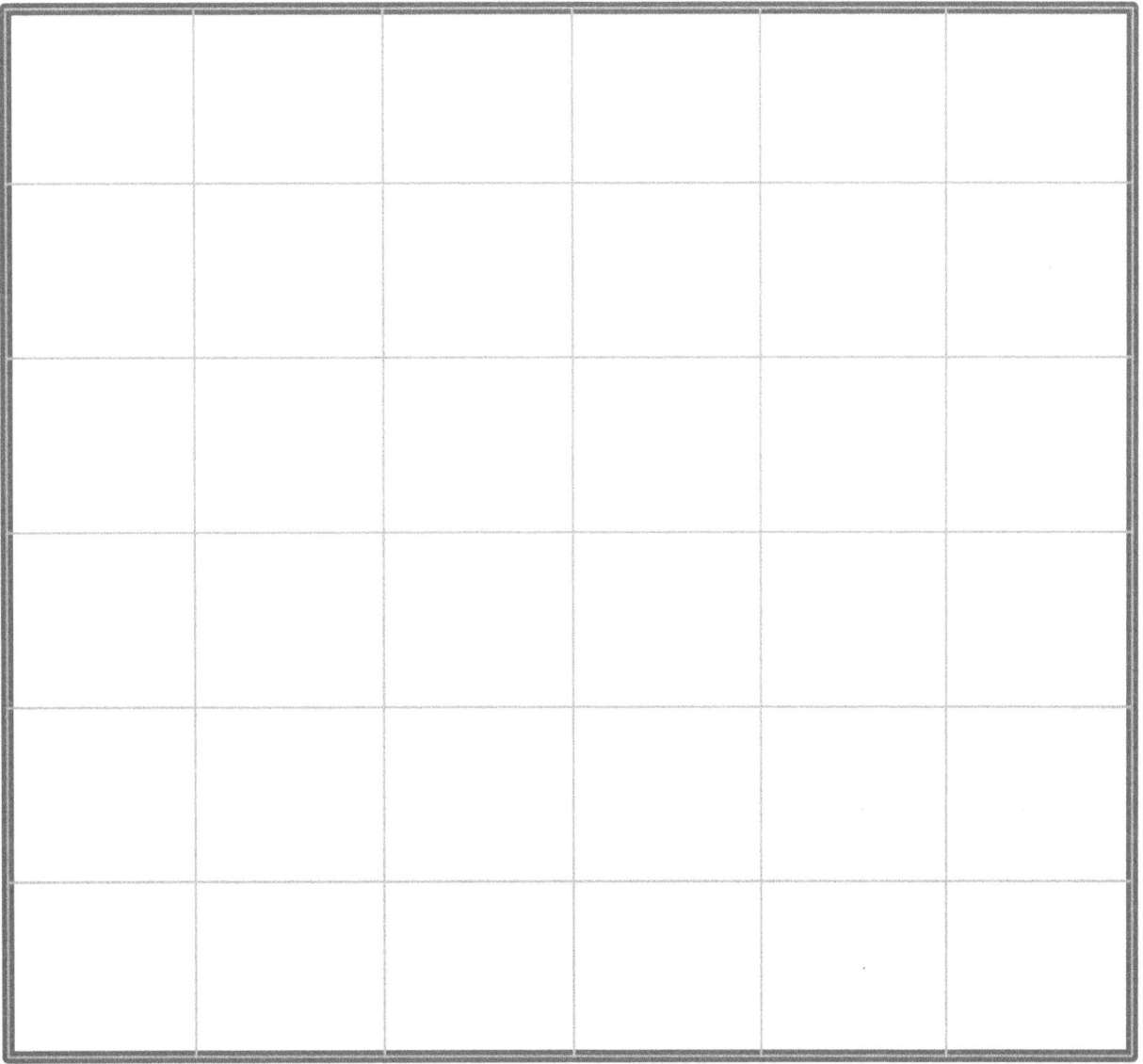

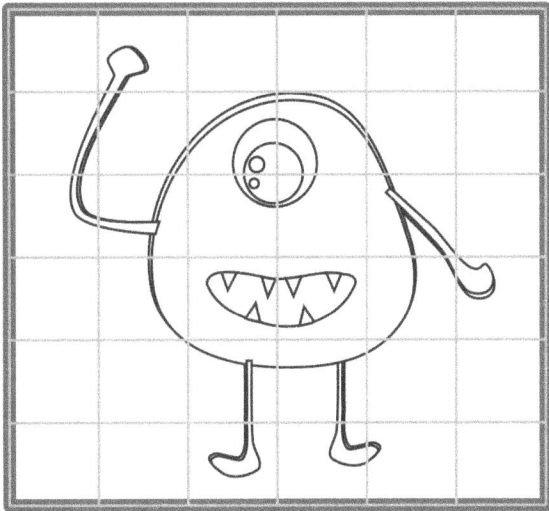

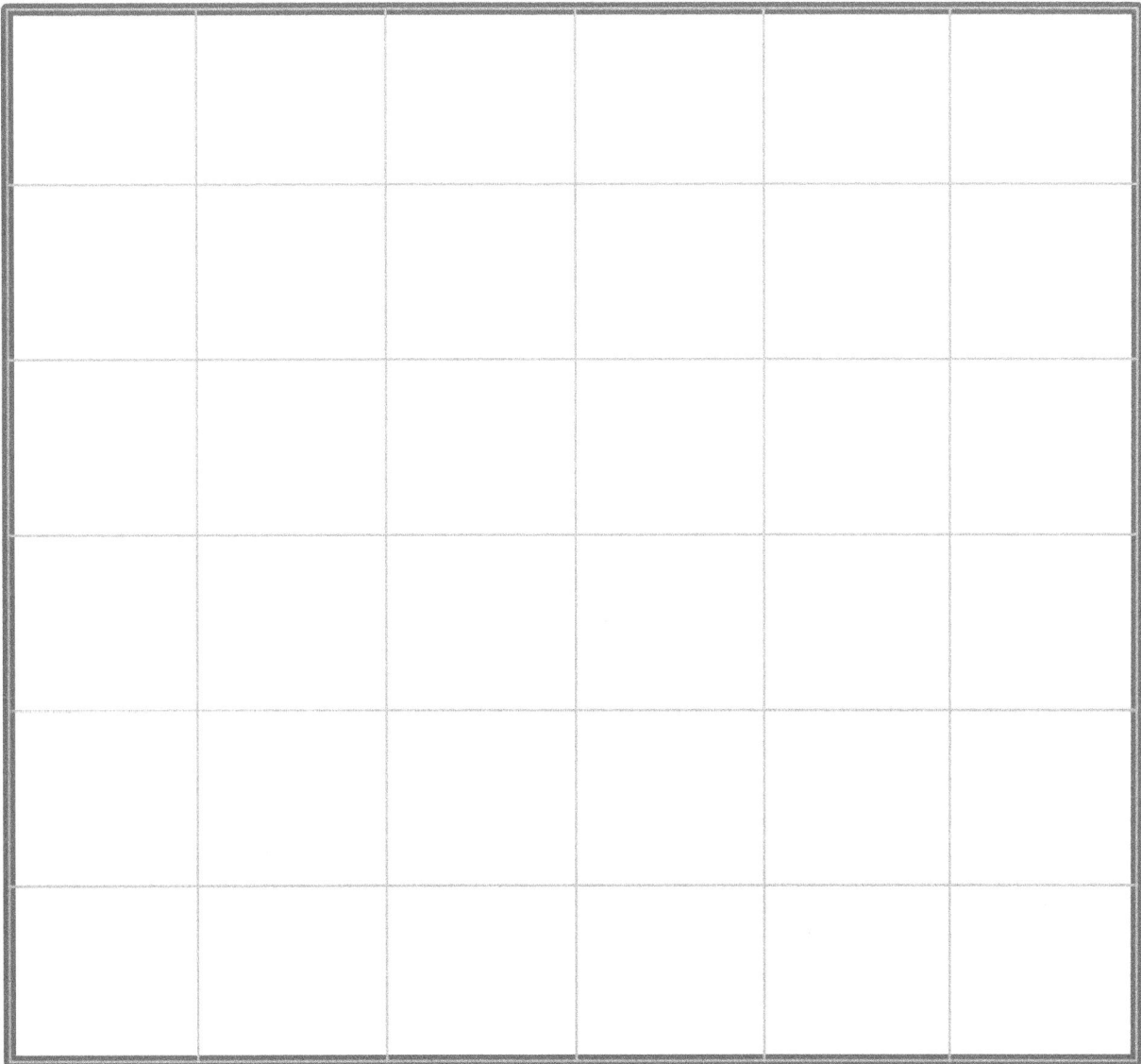

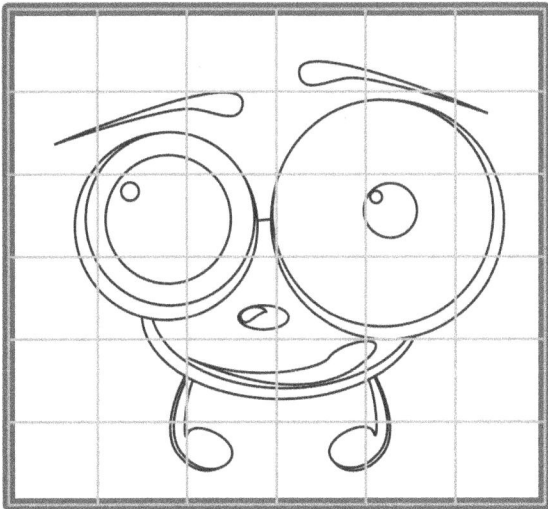

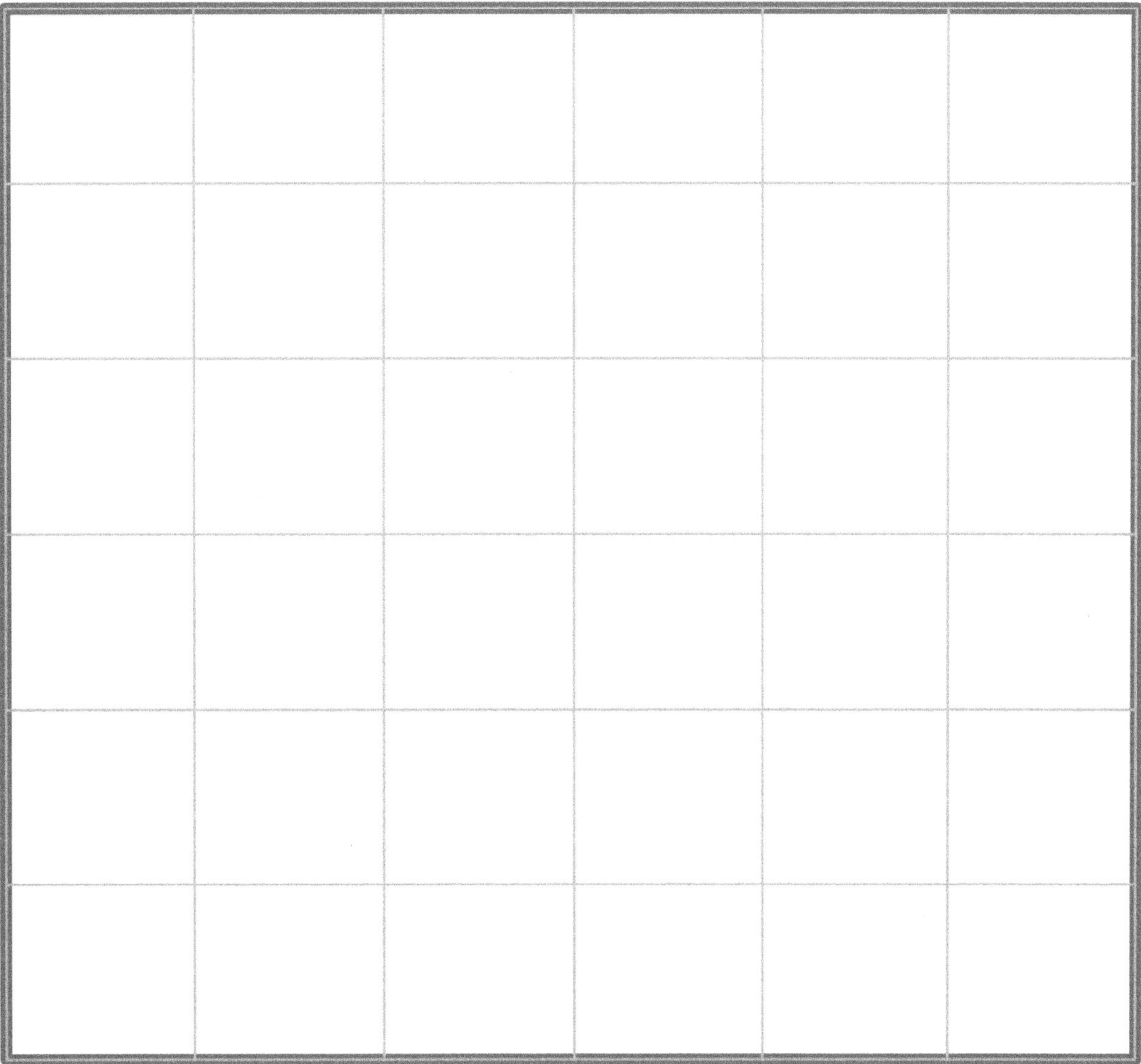

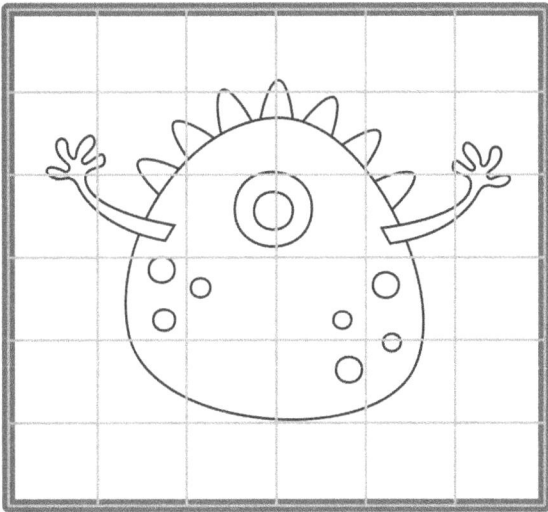

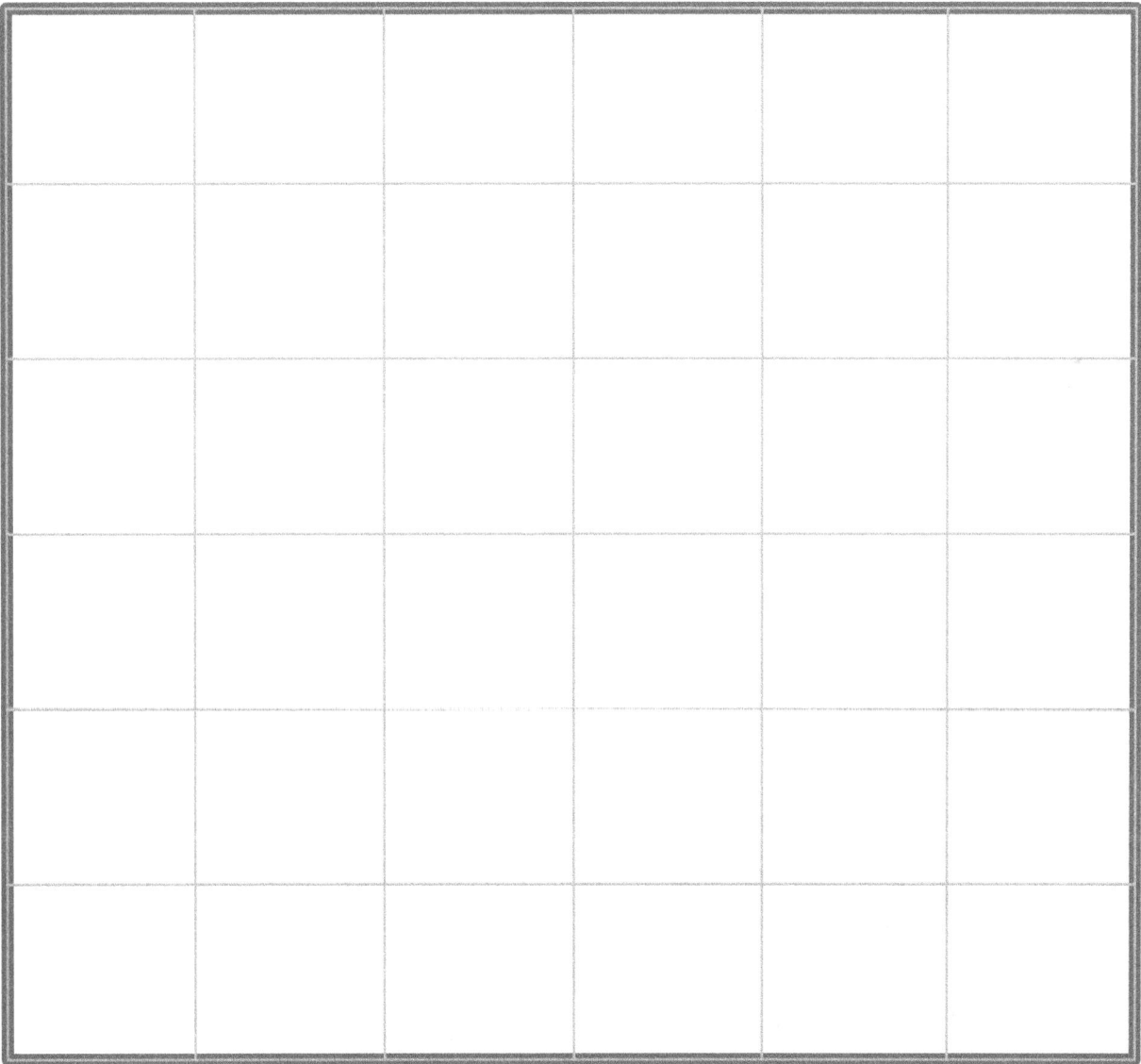

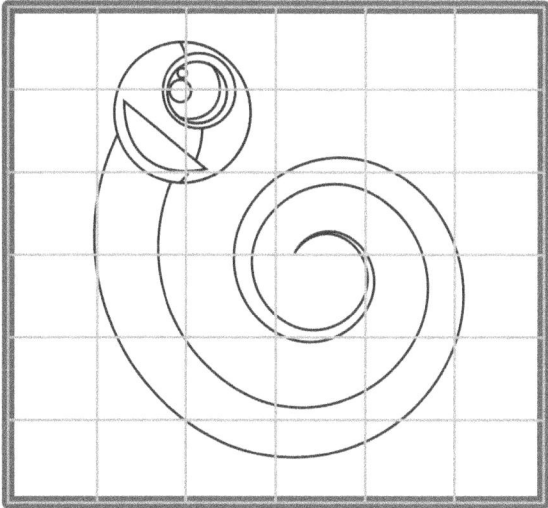

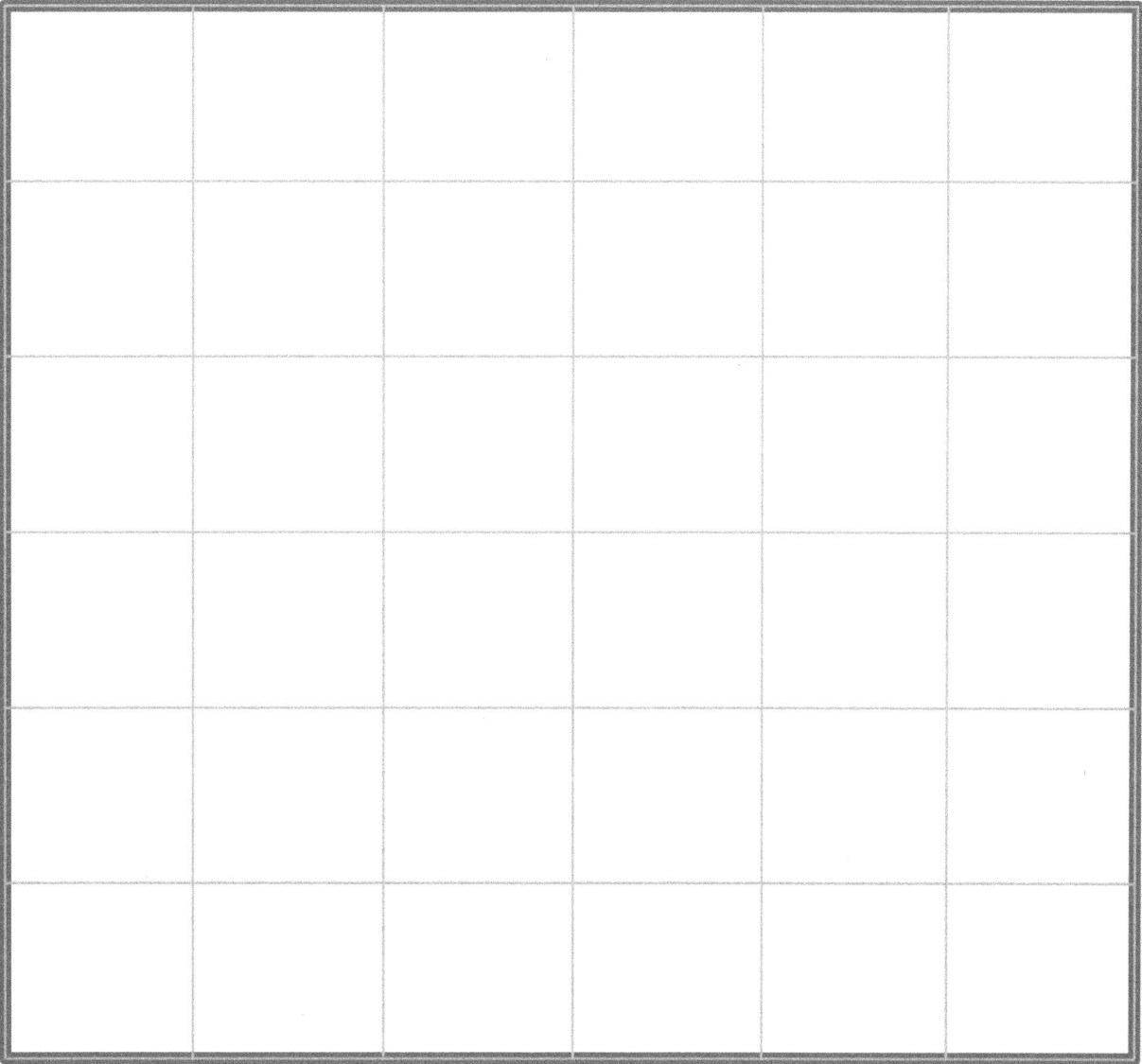

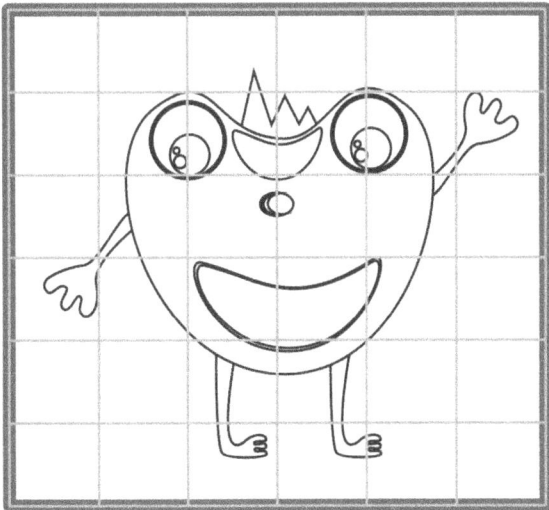

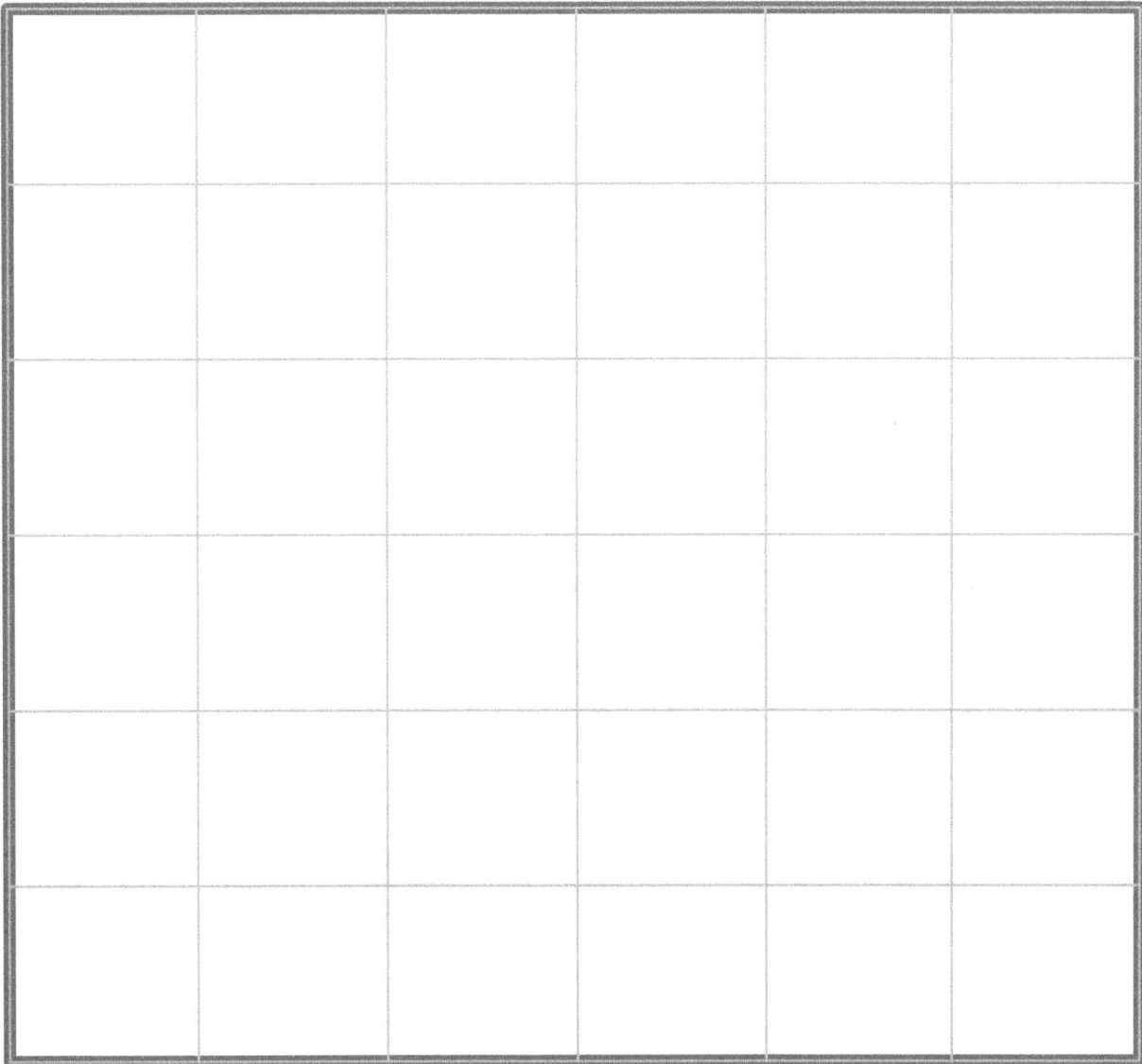

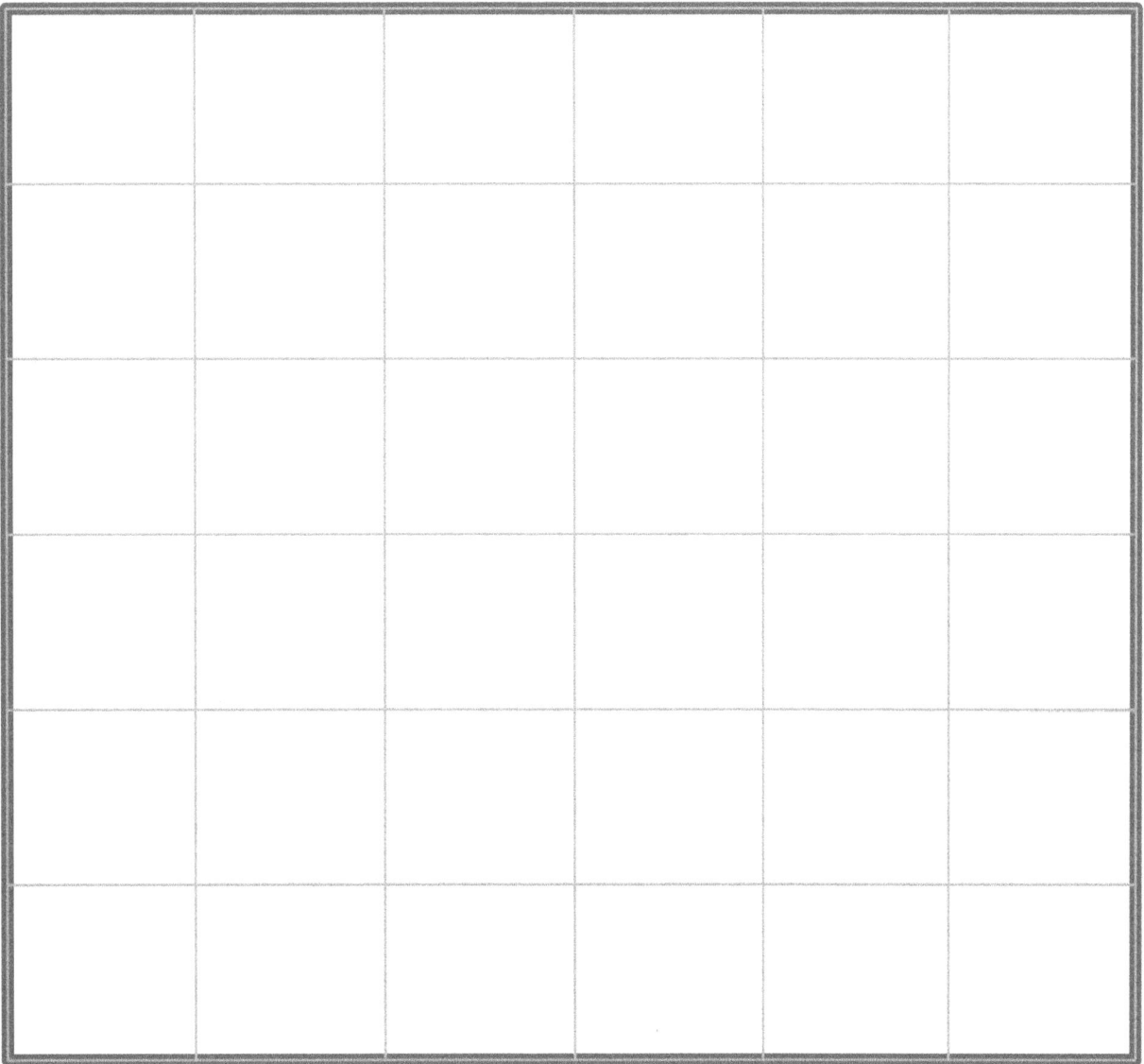

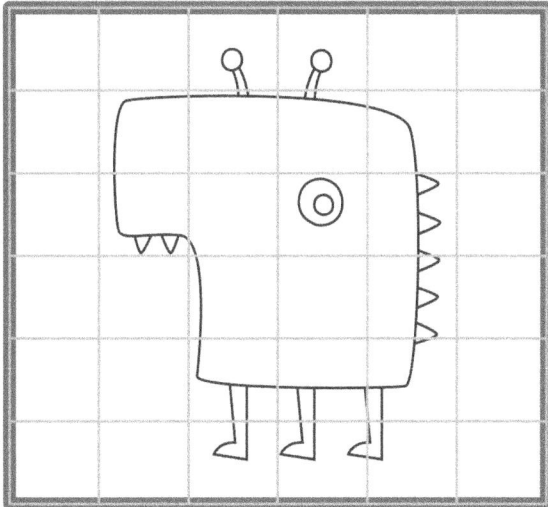

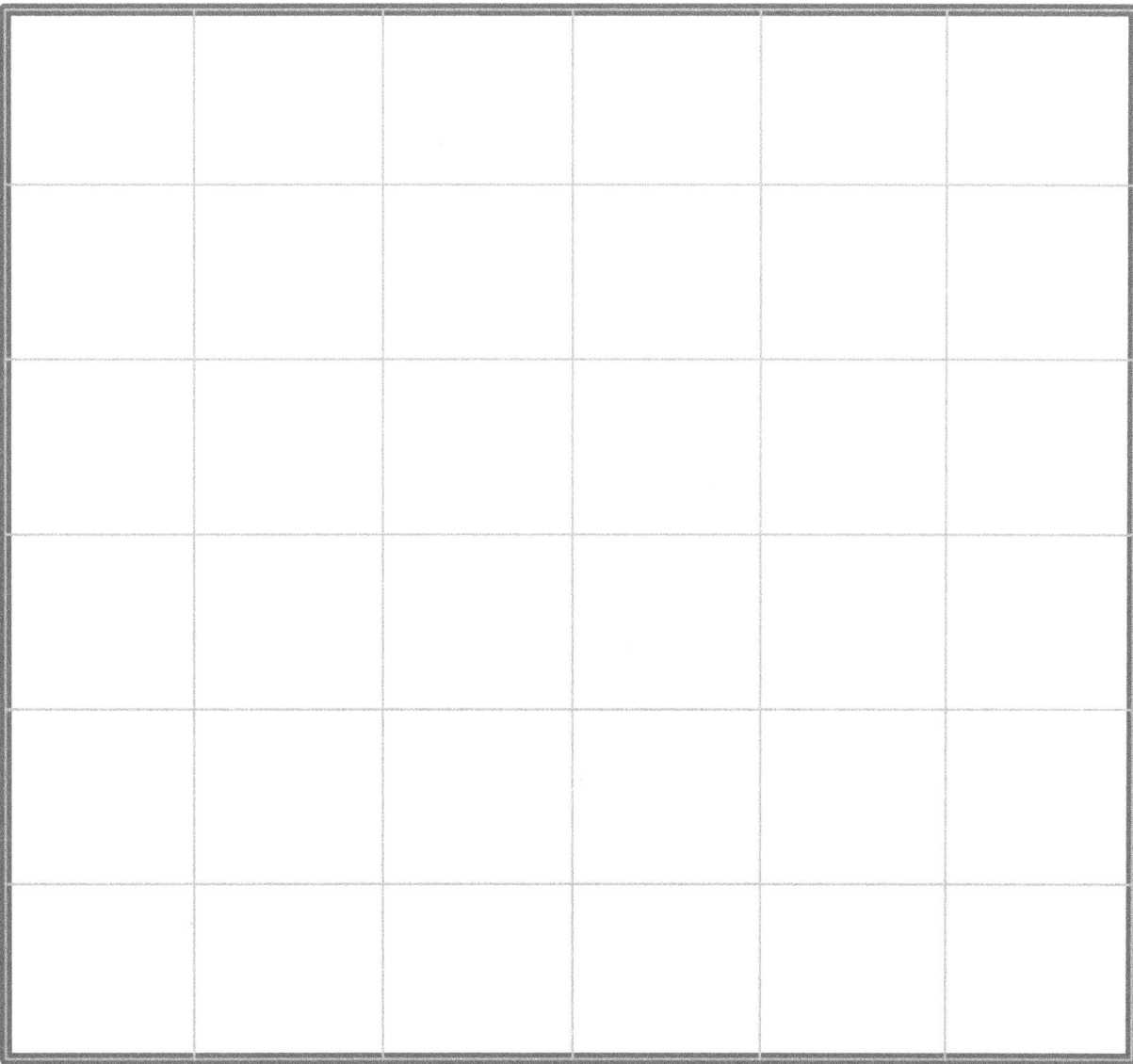

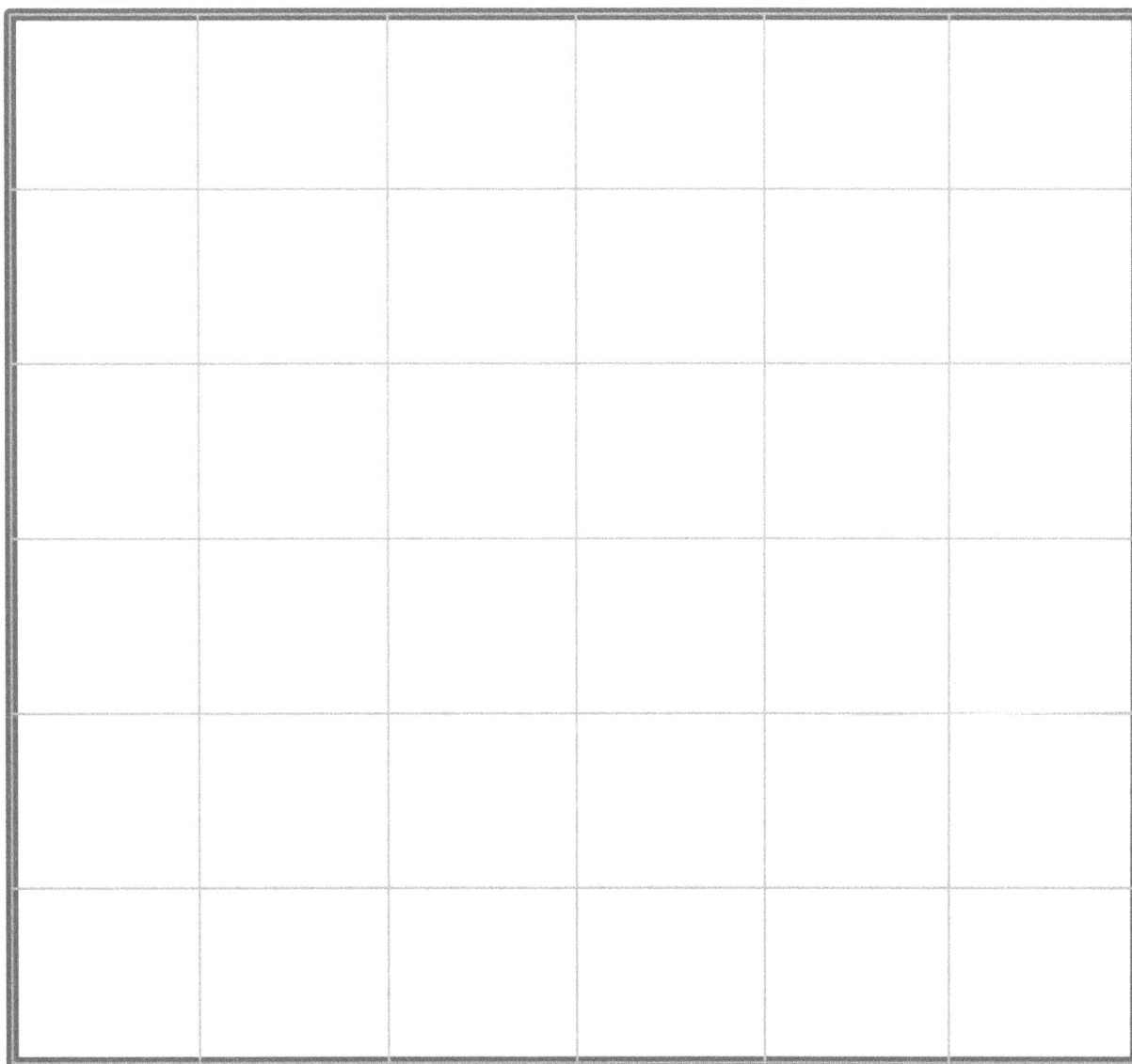

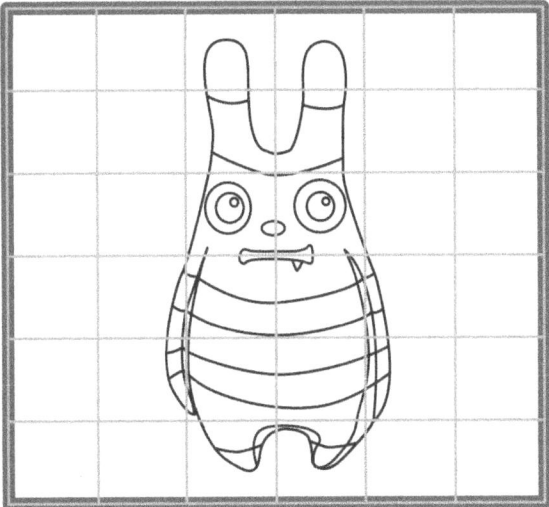

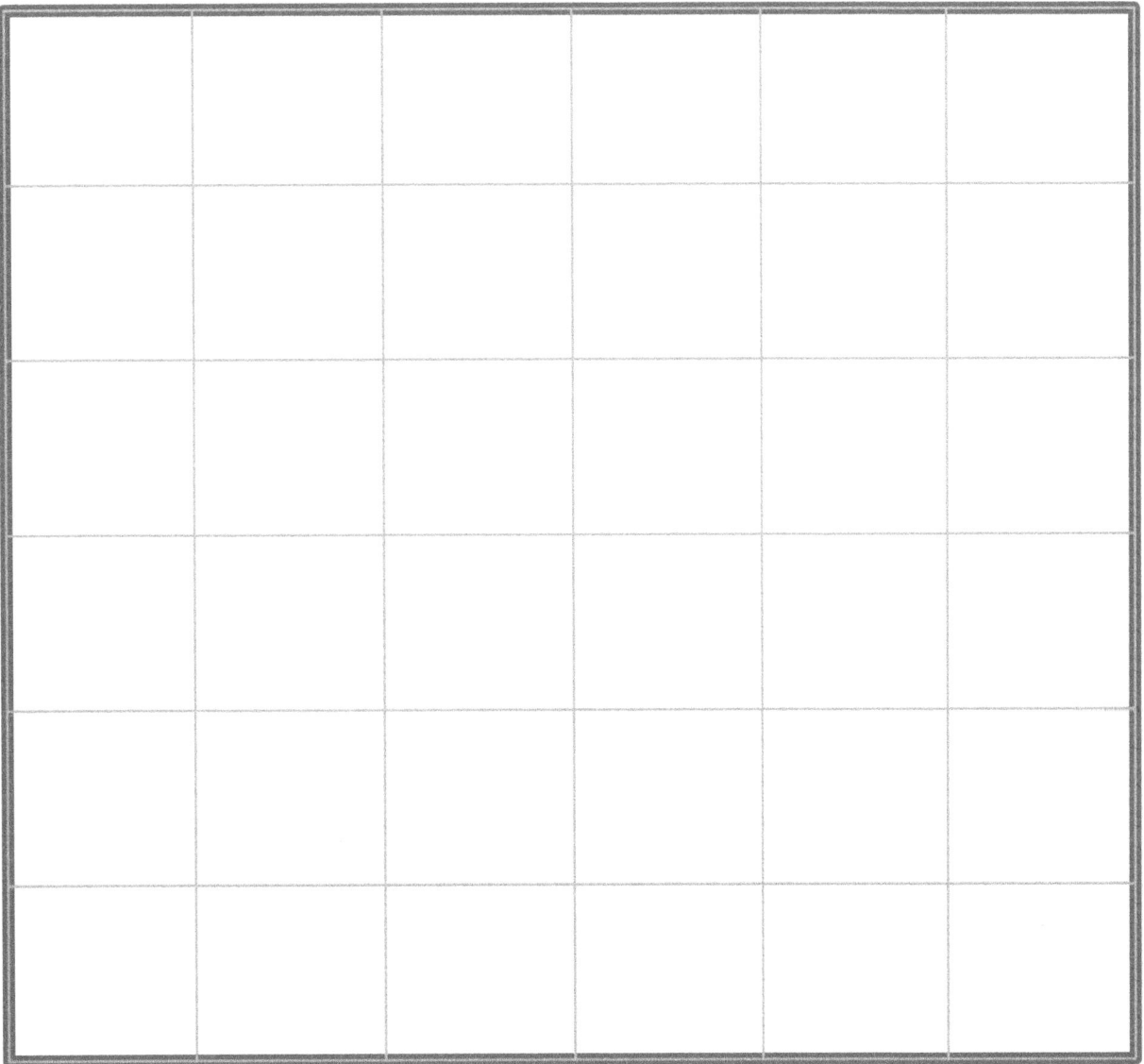

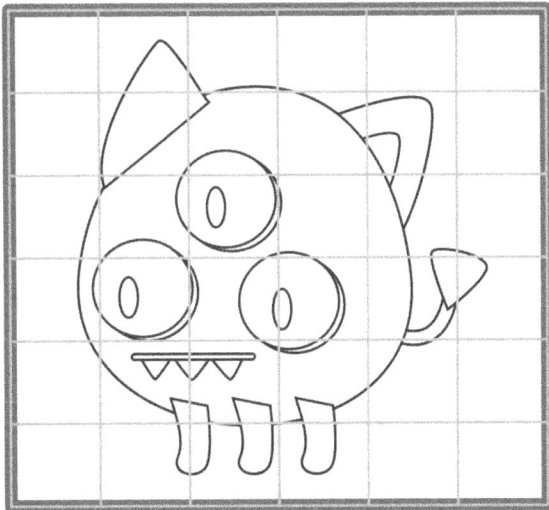

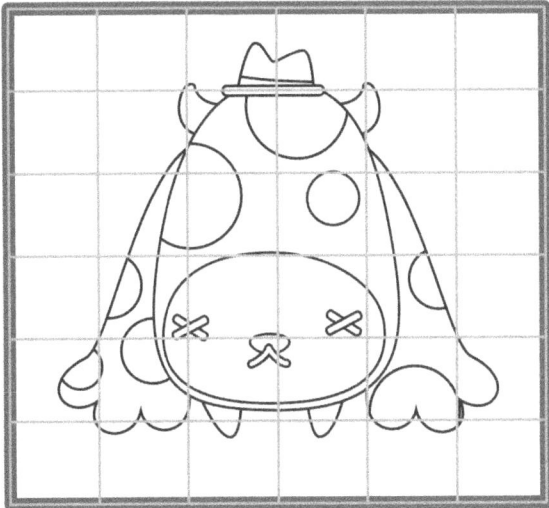

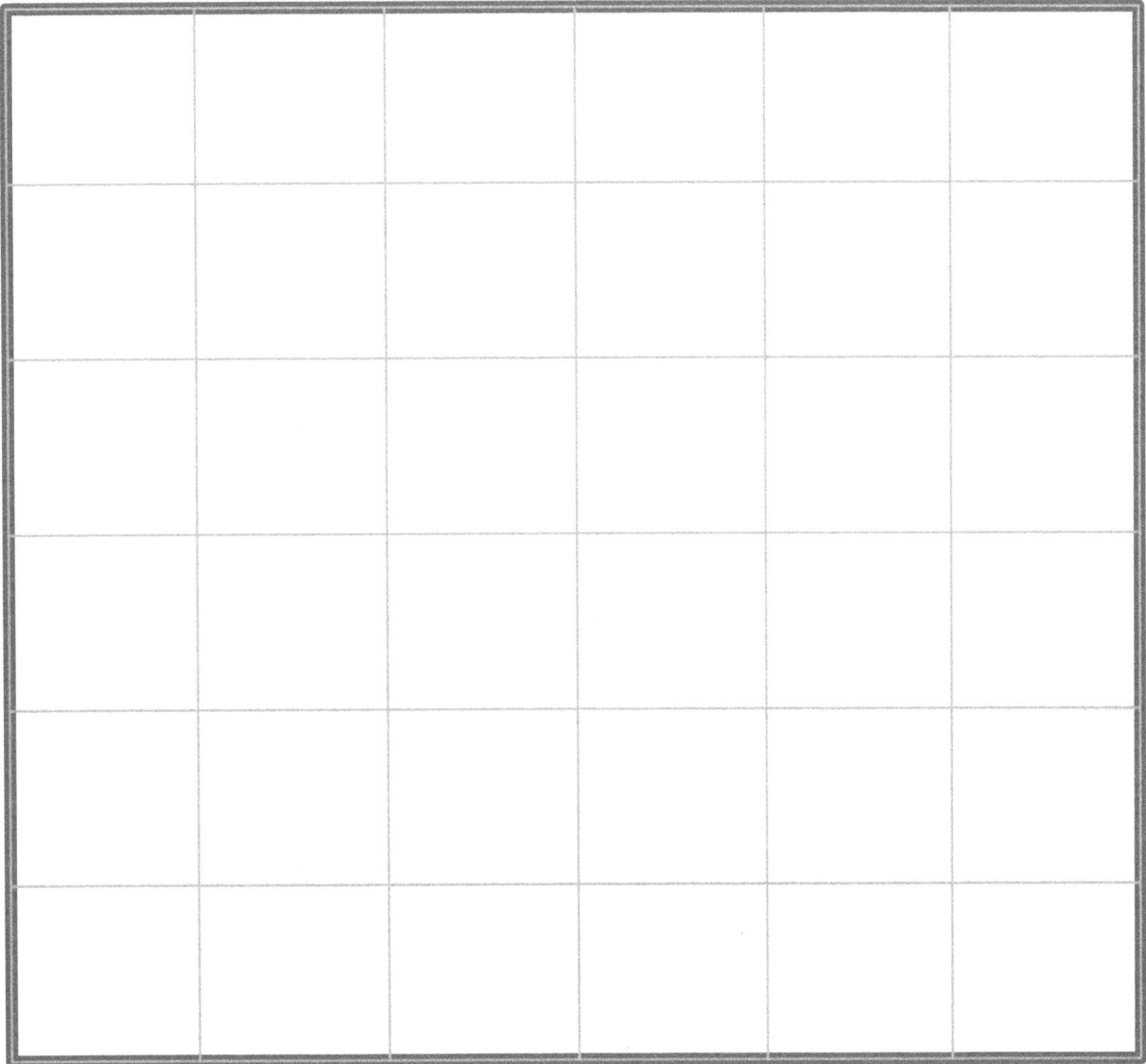

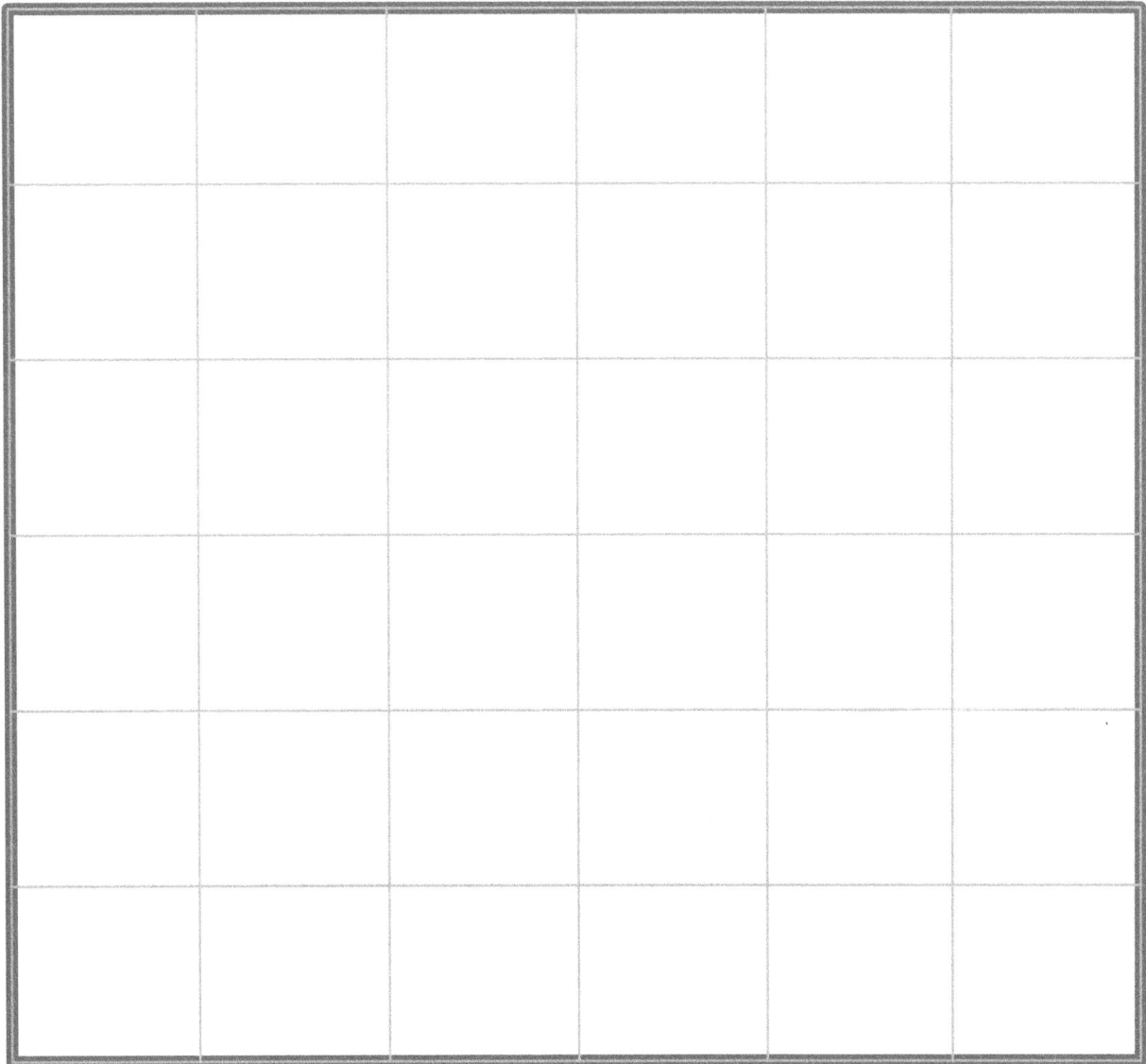

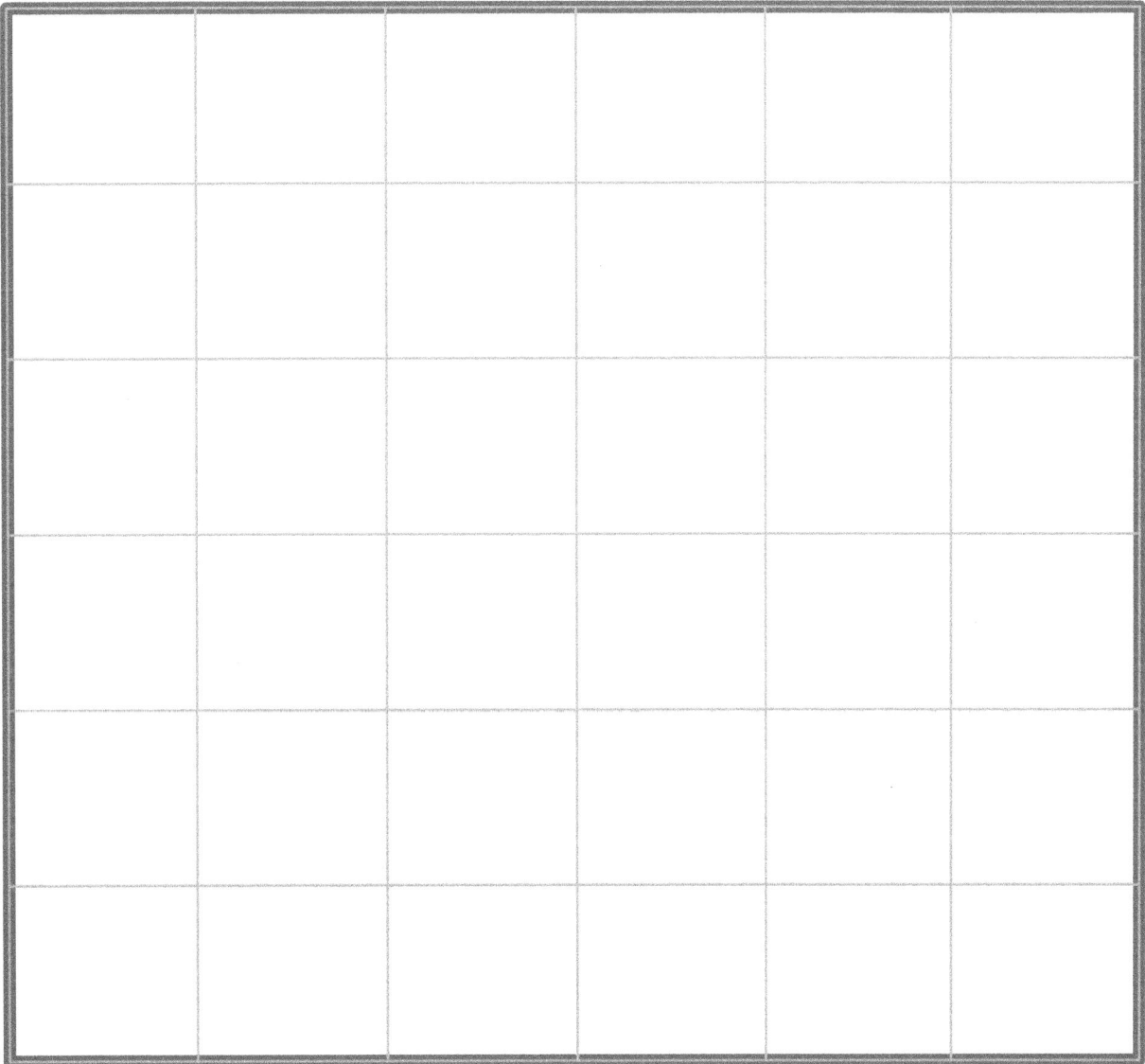

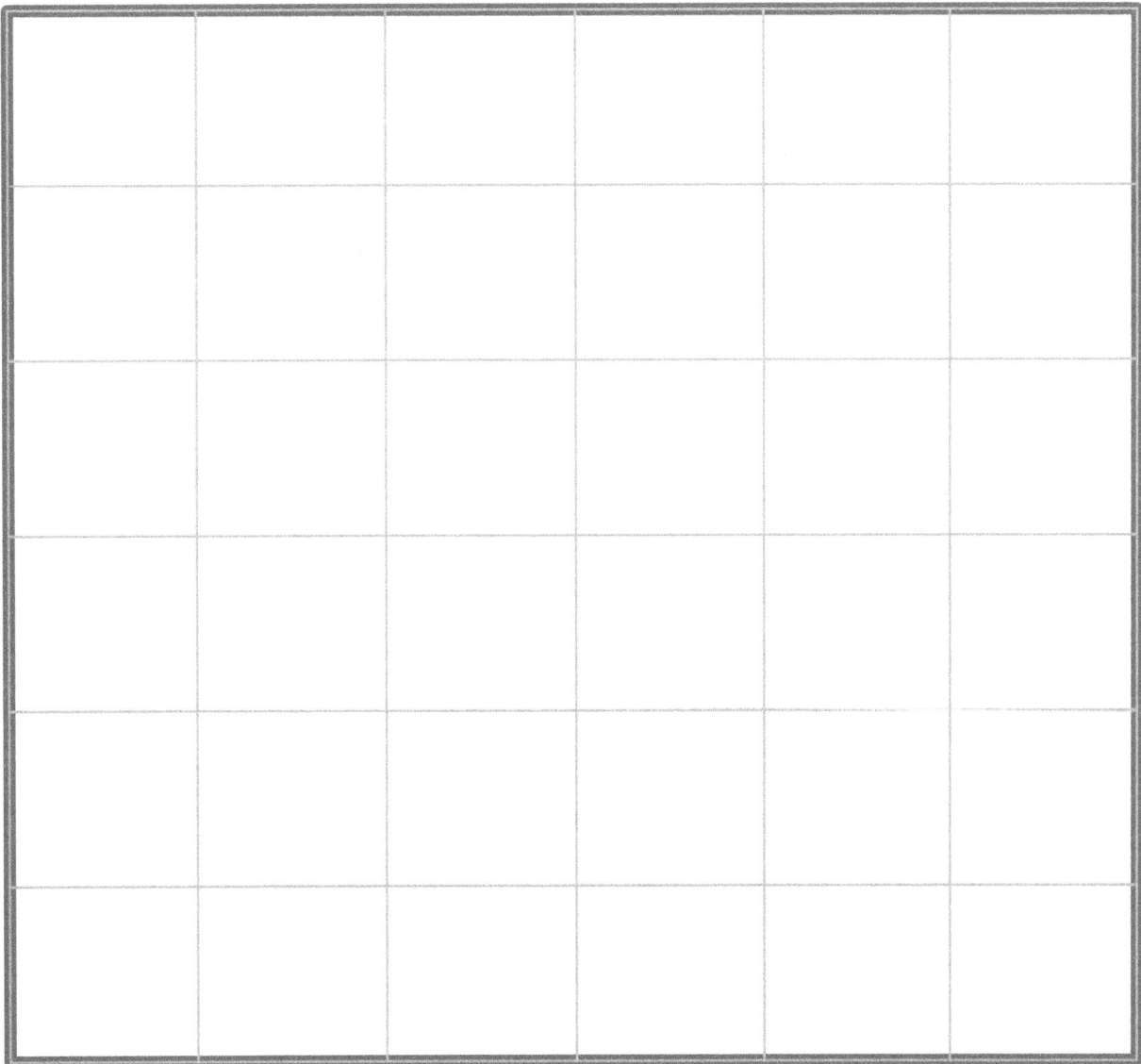

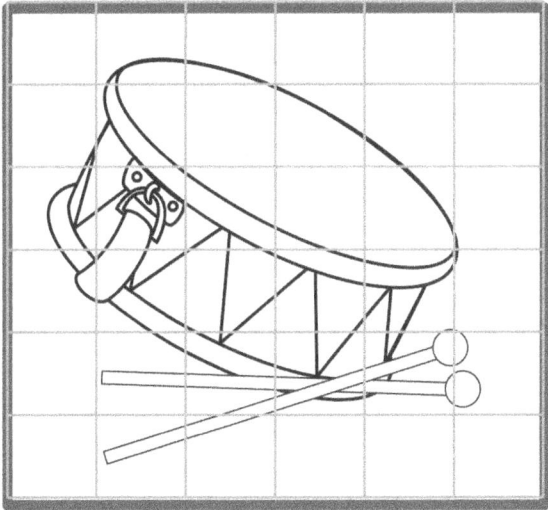

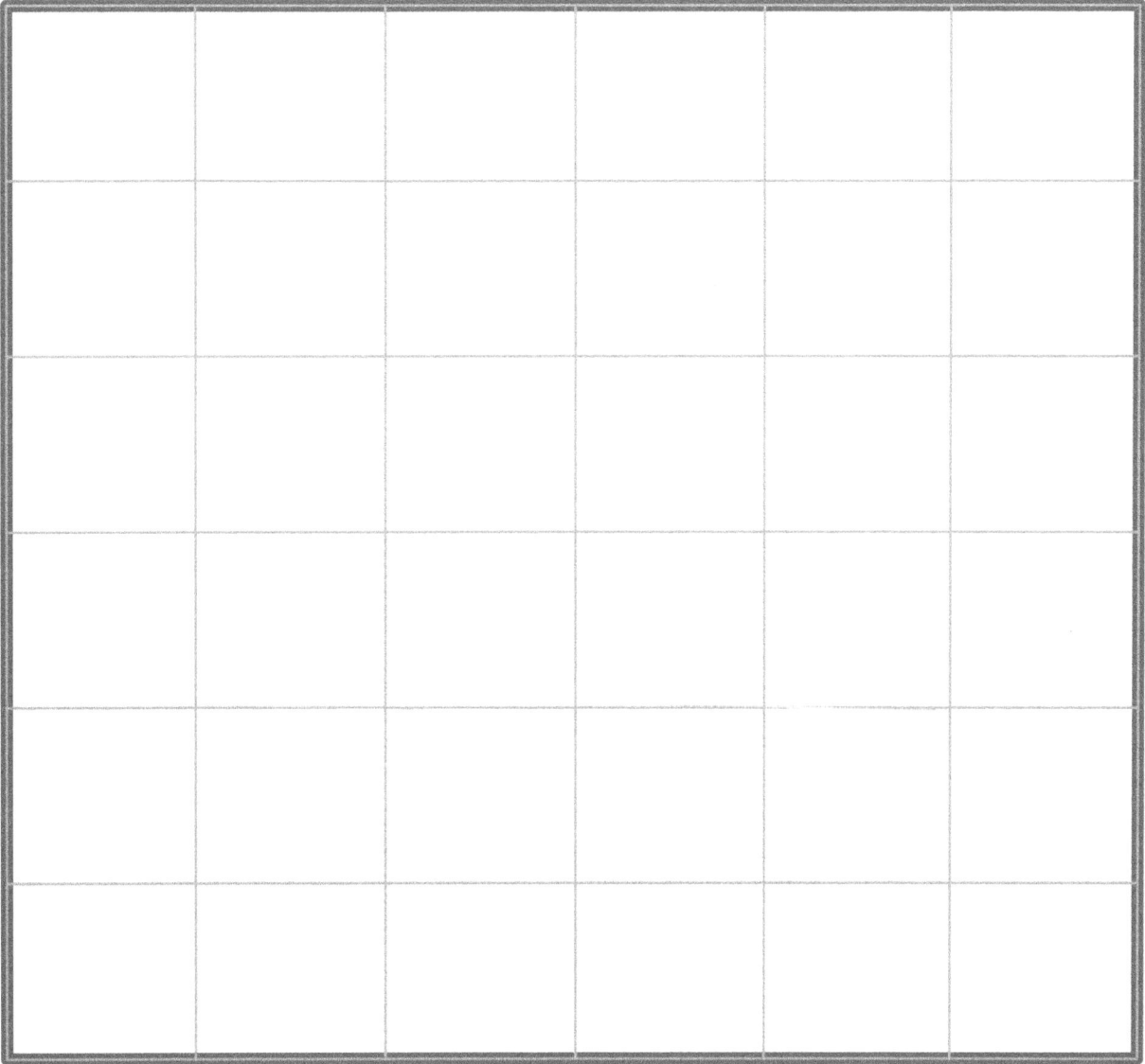

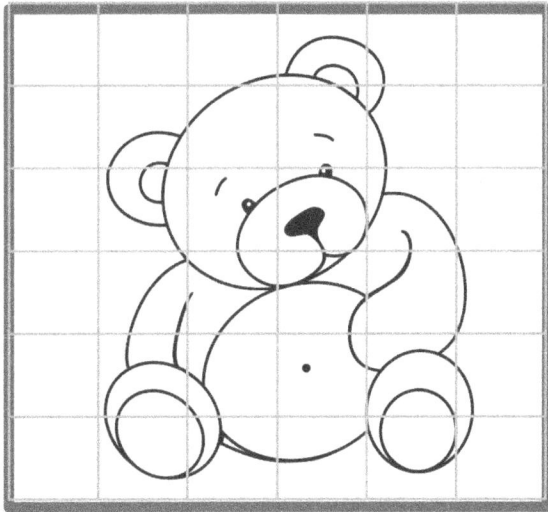

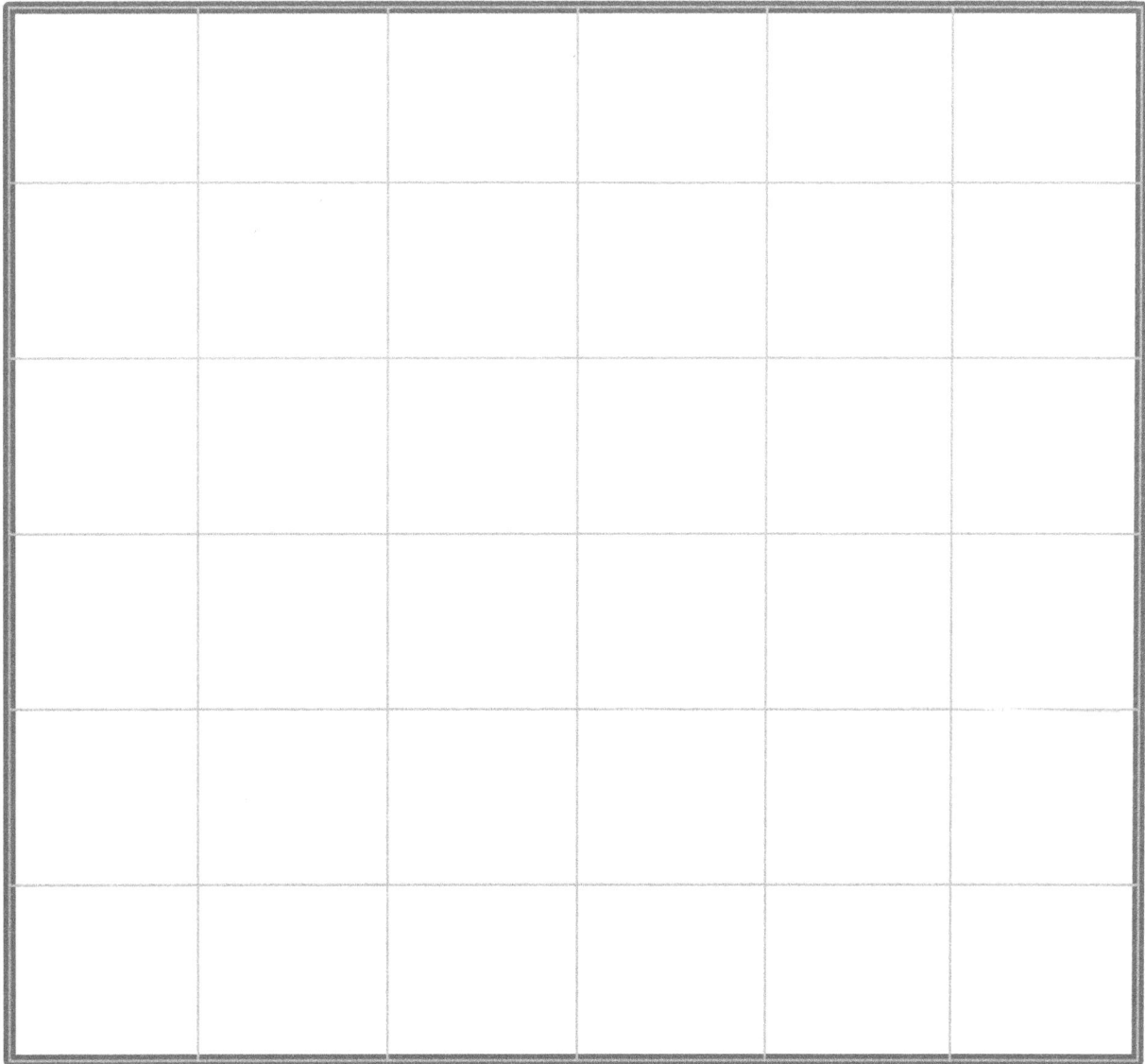

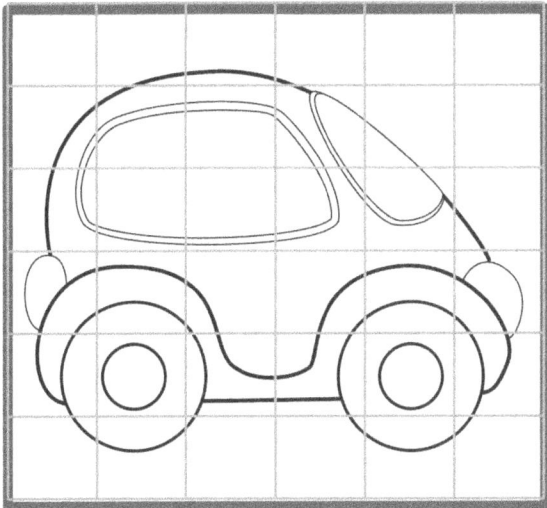

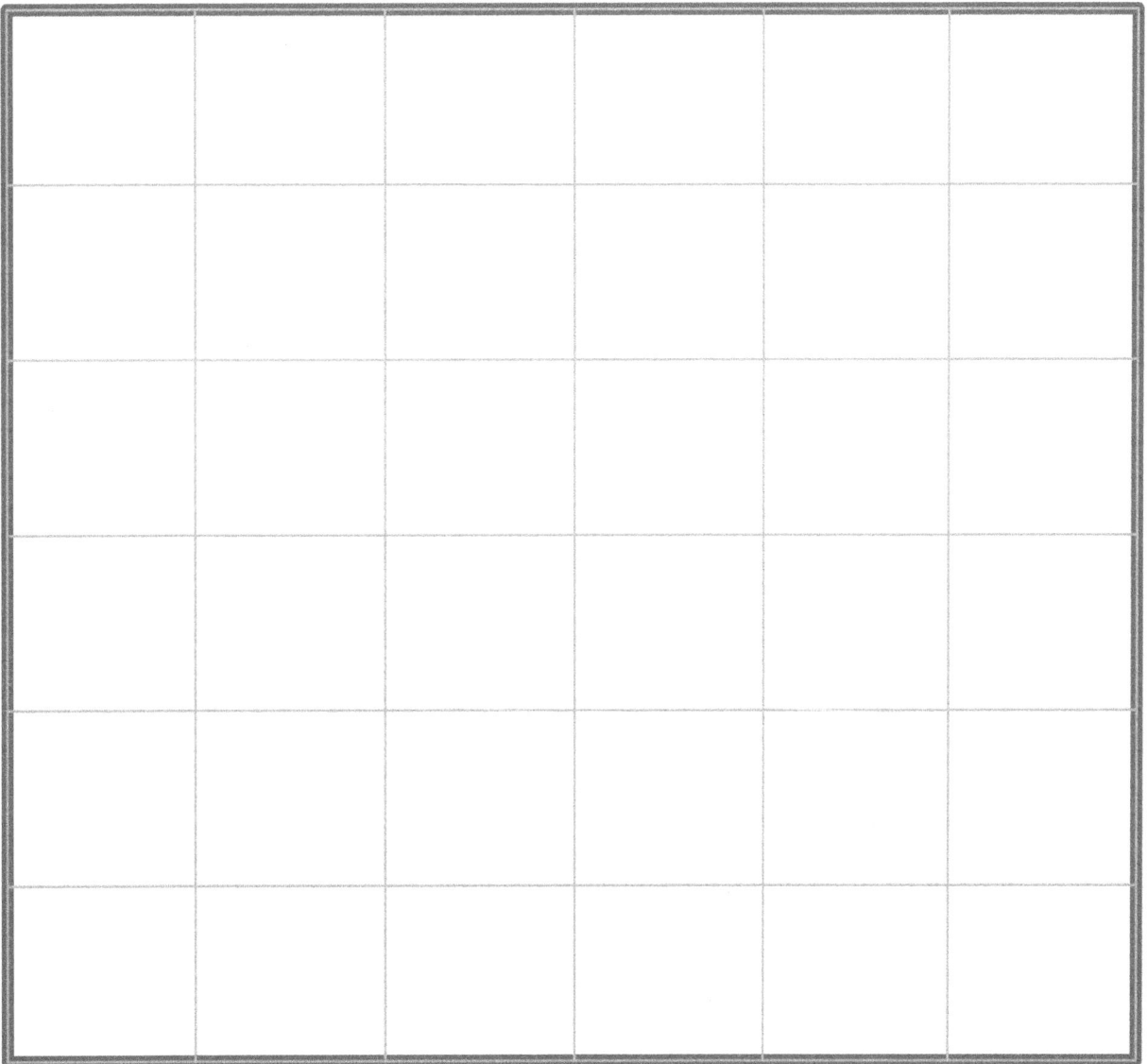

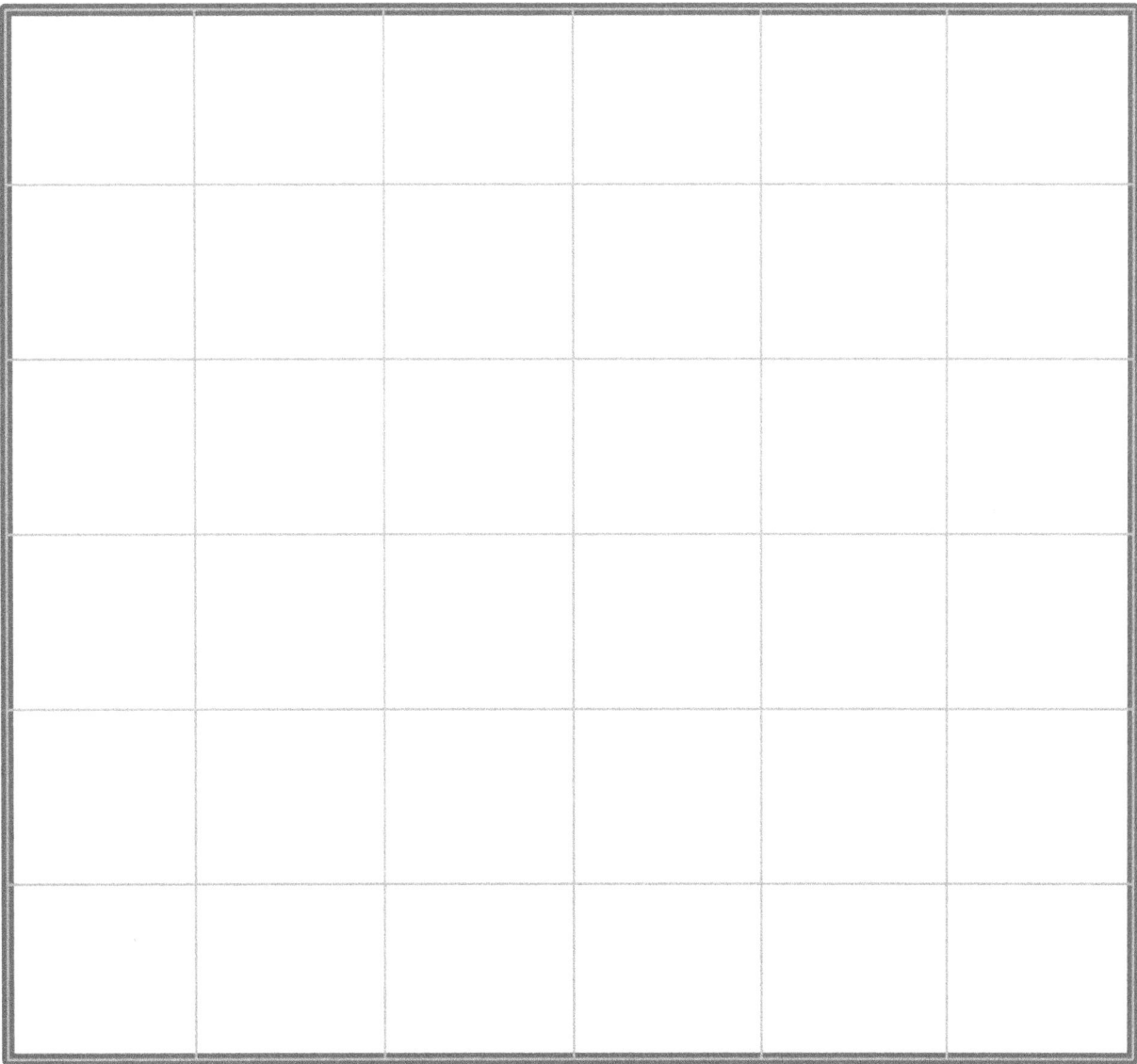

www.ingramcontent.com/pod-product-compliance
Lightning Source LLC
LaVergne TN
LVHW081334060426
835513LV00014B/1290